沖縄はお弁当の支出額が全国トップクラス※。
沖縄本島のお弁当屋さんの数は二百数十軒あると見られます。
この本は普段からお弁当でお腹を満たしている方はもちろん、
「家の近くにこんなお店があるんだ。知らなかった」
「学生時代お世話になったお弁当屋さん、今も元気かな?」
「旅の途中の食事にお弁当はタイパ、コスパがいいかも!」と、
うちなーんちゅ、観光客どちらも楽しめる一冊になっています。
物価、燃料費の高騰、人手不足…
お弁当屋さんにとって厳しい状況が続いています。
そんな中、安くてボリューム満点の「うちなー弁当」を
心を込めて作っているお弁当屋さんを、この本では応援します!

※総務省統計局　家計調査より

室井昌也

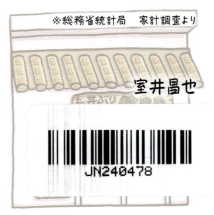

JN240478

沖縄のお弁当屋さん 応援ガイドブック CONTENTS

- 4 沖縄はお弁当支出額が全国トップクラス！　その背景とは
- 6 「うちなー弁当屋」というトビラを開けたら
- 8 観光客が最初にうちなー弁当に出会うのはここ！
- 10 老舗の弁当店を継ぐのは栄養士になった20代のひ孫
- 12 うちなー弁当コレクション
- 18 高校生のお腹と心を満たすお弁当屋のお母さんは元スーパーの惣菜主任

20 那覇市

- 22 元祖 焼き鳥弁当　ゴンちゃん弁当
- 23 MATSU屋　二号線
- 24 たんぽぽ弁当　キロ弁那覇店
- 25 むんじゅる弁当　ミトチャキッチン 新天地通り店
- 26 味見屋　わかさ弁当本店
- 27 ダージリン　菜菜
- 28 丸江弁当　楽丸屋弁当
- 29 ライズキッチン　みっちゃん弁当
- 30 もみじ弁当　むいむい弁当
- 31 ロッキー食品　味彩弁当
- 32 ランチハウス　茶々
- 34 働く人のお弁当　Nバスの運転手さん編

36 南部

- 38 うなとり弁当糸満店　フレンドハウス
- 39 丸糸ショップ　はるちゃん弁当
- 40 弁当屋28BOX　888家弁当
- 41 仕出し弁当 一歩　おべんとうのやま家
- 42 たんぽぽ食堂　パーラーヨシトモ
- 43 南農前商店　ふうちゃん弁当
- 44 シークヮーサー お弁当　そうざい弁当 凪月
- 45 たけの子弁当　弁当の店ひるぎ ひるぎ食堂
- 46 どうしぐゎー弁当　スーパーコムコム
- 47 吉家弁当天ぷら店　なか家
- 48 味の店ひらかわ　キッチンくろーばー
- 49 与儀ミート　アチコーコー屋
- 50 働く人のお弁当　浦添市観光協会の職員さん編

52 中部

- 54 みさき弁当　よしの弁当
- 55 弁当マキシム　なごみキッチン
- 56 パーラーたまき　ゆがふ弁当

57	maon	ひよこ亭
58	弁当の店 井筒屋	てんぷらや
59	満福弁当	ランチショップみきちゃん！
60	パーラー雅	なみ食
61	あけぼの弁当	やら屋
62	かんな食堂	吉元弁当
63	はなちゃん弁当	まさちゃん弁当
64	お弁当ハウス てんてん	おかずの店兼久
65	かりゆし弁当	あきちゃん弁当
66	弁当たいむ	ひまわり弁当
67	炒炒弁当 西原店	STAR-kitchen
68	MINEキッチン	ライス88
69	エン万弁当	鶏八亭

70　北部

72	お弁当のたか屋	さくら食品
73	十八番	弁当のこころ
74	味一	宝食堂
75	フードセンター魚鉄	安和弁当
76	やんばるキッチン	デリカ魚鉄
77	丼ぶり弁当「丼どん」	eve 弁当
78	味芳	にこちゃん弁当
79	弁当屋 でいご	たから家
80	お弁当のソーラス	Kitchen Kaina
81	明日香	

82	MAP 1	南部　糸満市　八重瀬町　南城市　豊見城市
84	MAP 2-1	那覇市
86	MAP 2-2	那覇市周辺　豊見城市　糸満市　南風原町　八重瀬町　南城市　与那原町　西原町　浦添市
88	MAP 3	浦添市　西原町　宜野湾市　中城村　北谷町　北中城村
90	MAP 4	宜野湾市　北谷町　北中城村　沖縄市　嘉手納町　読谷村　うるま市
92	MAP 5	沖縄市　嘉手納町　読谷村　うるま市　恩納村　金武町
94	MAP 6	恩納村　うるま市　金武町　宜野座村　名護市　東村
96	MAP 7	北部　名護市　本部町　今帰仁村　大宜味村　東村　国頭村
98	MAP 8	北部　国頭村　大宜味村　東村
99	MAP 9	離島

沖縄はお弁当支出額が全国トップクラス！その背景とは

沖縄地方は1世帯当たりの年間弁当支出金額が、他の地方と比べて最も多い2万3814円。全国平均の1万8060円を大きく上回っています（総務省統計局 2023年家計調査）。

その理由には複数の要因が挙げられます。沖縄県はひとり親世帯が全国平均の約2倍（沖縄県調べ）、一方で出生率は全国1位です（厚生労働省 2023年人口動態統計）。家庭で調理

出典：総務省統計局 家計調査

にかける時間を減らしたいという人が少なくなく、中食（調理済み食品の持ち帰り）需要が高い傾向にあります。

そして沖縄の県立高校で学食がある高校はゼロ。高校の近隣には弁当店が並び、店頭だけではなく昼時に校内に出張しているところもあるため、弁当を買い求める機会が多くなっています。

また車が移動手段の中心になっている沖縄において、多くの弁当店が通りに面していることも購入が増える背景にあります。路面店は建設現場などにトラックで向かう労働者にとっても都合よく、とりわけ沖縄特有のボリューム満点の弁当は好まれています。

さらに沖縄県は開業率が全国1位です（中小企業庁調べ）。沖縄では前記のように弁当の需要があることから、弁当店を開きたいと考える人も少なくないようです。これらが相まって沖縄県民の弁当支出が多くなったと考えられます。

「安くて盛りだくさん」の「うちなー弁当」を提供し続ける沖縄の弁当店にとって、近年の物価高は大きな悩みです。特に「物価の優等生」と呼ばれてきた卵の高騰、安定的に供給されていた米の品薄と価格上昇は想定外でした。

そんな中でも多くのお店が値上げを最小限にとどめて、「お客さんのために」と日夜頑張っています。

「うちなー弁当屋」という トビラを開けたら

玉城久美子
（1級フードアナリスト）

　うちなー弁当屋の思い出は小学1年生の頃にさかのぼる。通っていた学校の真向いに「みさご」という弁当屋があり、朝早くから遅い時間までひっきりなしにお客さんが吸い込まれていった。みさごのダクト（換気口）からはいつも揚げ物の匂いが流れてきて、もう少し歩くと泡盛工場からタイ米が蒸される香りがする、これが通学時の香りの記憶だ。

　「ウチナーンチュは揚げ物が好き」というのはよく聞く話で、亜熱帯気候の沖縄では食材が傷みやすく、必然的に弁当も揚げ物メニューが多くなる。一方でうちなー弁当については、揚げ物メニューが多いことよりも、新旧様々な沖縄フードが豊富にラインナップされていることに注目したい。

　かつて琉球王国だった頃の流れを汲む伝統食からタコライスなどの現代沖縄フードと幅広く、汁物に沖縄そばを揃える店も多い。沖縄料理店に行くのと同等かそれ以上に地元密着な料理に出会えるのだ。

　沖縄の弁当屋は年季の入った店も多くて店構えに怯むこともあるかもしれないが、よりディープに沖縄の食文化に触れたい方なら臆せずドンとチャレンジしていただきたい。お財布にやさしい値段で新たな扉が開くはずだ。

　では、うちなー弁当屋でどんな弁当を買うとよいか？　私のお勧めは、伝統的な琉球料理、なかでも「〇〇チャンプルー」「〇〇イリチー」「〇〇ンブシー」という名前の料理がごはんの上にのったスタイルだ。これらの多くは汁気を含む主菜（おかず）である。

　イリチーは乾物などを出汁で炒め煮にしたもの、ンブシーは野菜と豆腐、豚肉を合わせた味噌煮で、幾らかの汁気がある。チャンプルー（島豆腐と季節野菜の油炒め）だってカラカラになるまでは炒めない。ましてやこれらの料理は旨みの宝庫なのだ。豚肉やかつお出汁、野菜・昆布などの旨みが合わさり、素朴でシンプルだけれども飽き

のこない調和ある料理である。これらのしっとりとしたおかずをごはんにのせたくなるのは、誰もが共感するところなのではないか。

まとめよう。どのお弁当を買うか迷った時は、ゴーヤーチャンプルー、麩イリチー（車麩を炒めた料理、フーチャンプルーとも言われる）、ナーベーラーンブシー（へちま・豚肉・豆腐の味噌煮）などがごはんの上にのった弁当を選んでほしい。どれもウチナーンチュが愛してやまない逸品だ。

さて残るテーマは買った弁当を「どこで食べるか」だ。よっぽど寒い真冬でなければ、海や公園などの屋外をお勧めしたい。電車内で食べる駅弁が旅情と相まってよりおいしく感じるように、沖縄の空と風を感じながら食べる弁当は何倍もおいしく感じるはず。車がなくても、時間が許す範囲でバスやモノレールで移動してみていただきたい。

余談だが「海で食事」というと必ず思い出すエピソードがある。姉と私が小学生の頃、ドライブ好きな祖父に連れられ沖縄本島北部のやんばるという地域に行った時のことだ。

祖父が「さしみ屋」（いわゆる魚屋のこと。沖縄では魚屋ではなく「さしみ屋」と言う）で買ってきた刺身の盛り合わせを、漁港のあたりで車を停めて食べたのだ。テーブルもない不安定な場所で醤油をこぼさないように必死に食べたが、ピクニックといった素敵なものではなくサバイバルキャンプのようだったと記憶している。今思い返してもなかなかにワイルドなアウトドアランチだ。

そこまで無理することはないが、沖縄の空の下、目で耳で肌で、大らかにうちなー弁当を満喫していただきたい。

玉城久美子
1級フードアナリスト

沖縄県那覇市出身
株式会社たまいちコネクト代表
食・観光・サービス関連事業のコンサルティングやイベント企画を行う他、執筆やワークショップを通じてその地域ならではの食文化を発信している。「人と地域を食でつなぐ」がモットー。

観光客が最初にうちなー弁当に出会うのはここ！

県外から沖縄本島を訪れる人の9割以上が利用するのが空路。降り立つのは沖縄の玄関口、那覇空港です。その那覇空港でたくさんの「うちなー弁当」と出会うことができます。

　那覇空港国内線の到着口は手荷物受取所の両側に2つ。内側から見て右に到着口A（JAL、JTA、RAC、スカイマークの一部、ジェットスター）と左に到着口B（ANA、ソラシドエア、スカイマーク、ピーチ）があります。

　到着口Aを出てすぐ左、マッサージサロン「てもみん」の隣にある「コンビニ　シャロン」がお弁当を扱うお店です。

「コンビニ」といっても店内の通路は2人がすれ違うのがやっと。奥行きもわずかで「小さな売店」といった趣きです。ですがお昼前になると姿が変わります。

　店先の両サイド、てもみんの受付ぎりぎりのところまでテーブルが張り出され、その上に数々のお弁当が並びます。その数200食程。那覇市内の他、近隣地域のお弁当屋さん8社が出荷しています。

その種類はハンバーグやとんかつにチキン南蛮、豚のしょうが焼きに白身魚フライ、麻婆なすなどのお弁当。そして親子丼、かつ丼、焼鳥丼といった丼もの、カレーライス、オムライスなど定番ものが揃います。これだけなら、他地方との違いは感じないでしょう。しかしボリュームと価格が違います。

そして沖縄ならではのお弁当もあります。例えば「はい彩弁当」（ゆうな弁当、550円）はタコライス、ランチョンミート、にんじんしりしり、フーチャンプルー、ゴーヤー炒めが盛りつけられていて、沖縄料理をいっぺんに楽しめます。

お弁当は主菜と副菜がごはんの上にも盛られてボリューム満点。それでお値段は450〜500円台が中心です。

お昼を過ぎると店先のテーブルはなくなりますが、店内のショーケースにお弁当が陳列されます。町中のお弁当屋さんは現金払いのみのところも多いですが、コンビニ シャロンは電子マネー決済にも対応。到着後の腹ごしらえに、ホテルで食べる持ち帰り用にお求めになってはいかがですか？

丸江弁当のお店の前で従業員のみなさん。一番左が仲村由記江さん、一番右が仲村知紗さん

老舗の弁当店を継ぐのは栄養士になった20代のひ孫

　那覇中心部を通る沖縄の大動脈、国道58号線。その西側に位置する那覇市久米の住宅街、片側1車線のバス通り沿いにお客さんが絶えないお弁当屋さんがあります。丸江弁当です。

　水曜日の朝8時過ぎ。レジ対応と店頭の弁当の補充、注文電話への応対を雰囲気の似たエプロン姿の女性2人が代わる代わる務めていました。ずっと姉妹だと思っていたら、話を訊くと母と娘の親子でした。

「祖母がこの場所で24時間営業の雑貨屋をやっていて、おにぎりや惣菜を売っていたのがスタートだそうです。弁当屋をいつから始めたのか定かではないらしいのですが、海洋博(1975年沖縄国際海洋博覧会)の頃だと言うので50年ぐらい前だと思います」

　そう話すのは母の仲村由記江さん(51歳)。娘の知紗さん(25歳)にとって創業者は曽祖母。一家4世代にわたってお弁当屋さんを続けています。

「元々料理が好きで県外の短大に進学して栄養士の資格を取りました。卒業して沖縄に戻ってきて、店の手伝いをするうちになんとなくという感じです」と知紗さんは自然な流れでこのお仕事を始めました。

　知紗さんがお店で働くことについて、母の由記江さんはこう話します。

「父親が『(自分の代で)店を閉めるのは寂しいことだ』と思っているのをずっと感じていました。でも私はあまり料理が上

手ではないので（笑）、私一人ではできないと娘にバトンタッチできたらという感覚でいました」
　従業員は由記江さん、知紗さんを合わせて6人。お店に栄養士の知紗さんが加わったことでの変化もあります。
「自分が考案したレシピの色々なおにぎりを出すようになりました。煮卵や天玉（天かす）おにぎりです」

知紗さん考案の
煮卵おにぎり

ゆかりとおかかの
混ぜ込みおにぎり

　丸江弁当では毎日30〜35kgのお米を5キロ釜2つで炊きます。1日に売るお弁当は約200個。その他にチキンやコロッケなどの惣菜、そしておにぎりもあります。
　お店の開店は朝5時。6時半から9時頃までは出勤前に弁当や惣菜を買い求めるお客さんが続き、忙しい時間が続きます。営業しながら12時には仕込みを終え

店内のお弁当の数々

てお弁当が売り切れる13時頃には閉店します。
「仕事から帰宅したら夕方4時過ぎに早めの夕飯を食べて、その後に夜7時頃まで寝ます。少し起きた後に11時頃にまた寝て、夜中の2時半に出勤というのが1日のスケジュールです」（知紗さん）
　営業日に友達との予定はなかなか合わない知紗さん。好きなことは相撲です。知紗さんのおじいちゃん、由記江さんのお父さんの影響でした。
「巡業に誘ってもらった時に大ファンになって、ときめきましたね。お相撲さんは大きくてたくさん食べるじゃないですか、（料理の）作りがいがあるなって勝手に想像しています」
　知紗さんの推し力士は宇良関。「勇猛果敢っていうんですか、自分より大きな相手に向かっていってそしてアクロバティックで。また謙虚なところが好きなんです。相撲の話は友達じゃなくておじいちゃんに聞いてもらっています」
　知紗さんにとってお弁当屋さんのお仕事のやりがいとは。
「ちょっとしたことでも『ありがとう』って言ってもらえると嬉しいですね。自分が考えたおにぎりを『おいしい』って言ってもらえると、『また作ろう』って思います」
　お客さんの嬉しいひとことを原動力に。丸江弁当には由記江さん、知紗さんたちが心を込めて作ったお弁当、惣菜、おにぎりが店内ところ狭しと並びます。

丸江弁当はP.28に掲載

うちなー弁当コレクション

この本で紹介している沖縄県内の小規模のお弁当屋さんの多くで見られるのが、ごはんの上にもおかずがのせられたボリューム満点のお弁当。メインのおかずのとんかつや唐揚げ、魚のフライに加えて、副菜でありながら主役となるのが沖縄で親しまれている料理の数々です。

「ゴーヤーチャンプルー」（ゴーヤーと島豆腐の油炒め）
「にんじんしりしり」（細切りしたにんじんと卵の炒め物）
「チキナー（塩漬けしたからし菜）のチャンプルー」
「クーブイリチー」（細切り昆布に豚肉、こんにゃくなどを入れた炒め煮）

県外の弁当容器の多くは左右にごはんとおかずが約半分ずつ、または上下2分割された一方の6割程度にごはんが入っているケースが多いです。沖縄では容器（写真）の下部分がごはんのスペース。お茶碗1杯分が軽く入るほど大きいのが特徴。その上にもおかずがずっしりと盛られます。

量が多いだけではなくお値打ちなのも沖縄の特徴。左ページの容器サイズで400〜500円台が一般的。これよりも小さなサイズは300円台、パック容器にご飯とおかずを詰め込んだものを150円程度で販売しているお店も少なくありません。

各店、低価格を維持するために努力を重ねていますが、昨今の原材料費高騰がお弁当屋さんを直撃しました。多くの店主がこう口にします。

「去年（2023年）と比べてお米5kgが1000円くらい上がったさ。ウチは（価格高騰の）卵もたくさん使うし、ホントは値上げしたくないけど20円とか50円とかちょっとずつ上げて何とかやってます」。
値上げをしても400〜500円台をキープしているお弁当の数々がこちらです！（金額は税込み。日替わり弁当が中心のお店が多く、お弁当には商品名がないことがほとんど）

お弁当のソーラス（今帰仁村）
400円
とんかつと豆腐チャンプルーときんぴらごぼう。手作りの温かさがあります。ちょこっとしば漬けものってこのお値段です。

ランチハウス 茶々（那覇市）
450円
定番のとんかつ。レタスとキャベツの千切りの生野菜がつくのは沖縄では珍しいです。マカロニポテトサラダもついてお値打ち価格。

やら屋（読谷村）
470円
チキンカツのオーロラソースが食欲をそそります。春巻き、かぼちゃの天ぷら、ごぼうサラダと「色んなものを食べさせたい」という愛情を感じます。

STAR-kitchen（うるま市）
500円
一見、茶色が多いチキンカツ弁当と思いきや、きんぴらごぼう、もやしの炒め物と野菜が充実。ゴーヤーの緑色がアクセントになっています。

※価格は2024年11月現在。価格とお弁当の内容は変更になる場合があります

丸江弁当（那覇市）
500円

豆腐チャンプルーがメインのお弁当。旨味がしっかりと詰まっています。ごはんの上のれんこんの天ぷらも嬉しい。チキナーと梅干しで味の変化も楽しめます。

P.28

味の店ひらかわ（浦添市）
500円

がっつり系だけじゃないやさしい味付けのお品も。肉じゃがにクーブイリチー、かき揚げなど6品目が集まった家庭料理のようなお弁当です。

P.48

吉元弁当（沖縄市）
450円

「お麩っておかずになるの?」と思う人もいるでしょう。しかし旨みのしみ込んだフーチャンプルーを一度食べればわかります。三枚肉もついて400円台!

P.62

キロ弁那覇店（那覇市）
600円

その名の通りの「1キロ弁当」。がっつり系のキングです。別盛りのごはんだけではなく、南蛮風チキンの下にはパスタ。運動部員がかき込む姿が目に浮かびます。

P.24

※価格は2024年11月現在。価格とお弁当の内容は変更になる場合があります

にこちゃん弁当（本部町）
600円
さんまのかば焼きがどーんとのって食べ応え満点。にんじんしりしり、クーブイリチー、金時豆の甘煮とぜいたくなお弁当になっています。
P.78

ふうちゃん弁当（南城市）
500円
こちらも揚げ物じゃないお弁当。さばの照り焼きにチキナー、そして煮つけ。味は濃すぎず薄すぎず、自然とごはんがすすむ絶妙のバランスです。
P.43

みさき弁当（宜野湾市）
500円
さばをあんかけで仕上げたお弁当。ひじきもたっぷり健康的でごはんの量もこのメニューにはちょうどいいです。春巻きとコロッケがちょこっと入っているのも○。
P.54

味見屋（那覇市）
500円
魚フライ弁当。フライの食べ応えもさることながら、たまご焼きの厚さが特徴。沖縄のたまご焼きは砂糖を入れないのが主流。家庭では「海苔入り」も多いです（P.35、51参照）。
P.26

むいむい弁当（那覇市）
450円
那覇空港の「コンビニ シャロン」で販売されていたバジル味の白身魚のムニエル。他地域ではよく見るシンプルなお弁当が沖縄では新鮮に映ります。
P.30

たから家（今帰仁村）
500円

ごはんの上にナーベーラーンブシー（へちまと豆腐と豚肉の味噌煮）、煮つけににんじんしりしりなど沖縄らしさを一度に堪能できるお弁当です。

P.79

てんぷらや（西原町）
500円

あんかけ豆腐ハンバーグに野菜系のおかずが充実。「量は多めだけど、味は濃くない」を実現しているお弁当です。

P.58

ダージリン（那覇市）
550円

ハーブチキン弁当。県外だったらもっとお値段するのでは？と思う、手間暇かけたお弁当。ごはんは雑穀米。軽く塩ゆでしたいんげんが他の食材をさらに引き立てます。

P.27

炒炒弁当 西原店（うるま市）
520円

青椒肉絲（チンジャオロースー）、肉団子、魚の甘酢あんかけの中華に、ポークランチョンミートの沖縄らしさも入ったお弁当。品数の多さに満足です。

P.67

※価格は2024年11月現在。価格とお弁当の内容は変更になる場合があります

パーラーヨシトモ(豊見城市)
500円
ミニサイズのお弁当で定番のタコライス。こちらは普通サイズにチキンカツものって充実度もアップ。食べ応えがあります。

P.42

元祖 焼き鳥弁当(那覇市)
500円
炭火で焼いた焼き鳥をその場でごはんにのせるタイプのお弁当。他のうちなー弁当とは少しタイプの違うお弁当もぜひ。

P.22

　沖縄のお弁当屋さんの多くで「そば」の貼り紙やのぼりを見かけます。「そば」といってもそば粉を使った日本そばではなく、小麦粉とかん水を練って作った「沖縄そば」。「100円そば」とも言われ、各店とも小サイズは100〜150円です。
　容器に麺がセットされていて、スープをセルフで入れるのが主流。具入りのお店やトッピングありのお店など様々。豚骨やかつお節、昆布から取った出汁の味がしみます。カップラーメンより手軽で安価なので、小腹がすいた時やちょい足しのもう一品として、またお酒が残った翌朝などに食べたくなります。
　自家製麺や出汁にこだわったお店もあって、日々お弁当を買う人は「そばを食べるならあの弁当屋」といった情報を持っていることが多いです。
・写真はまさちゃん弁当（うるま市）　P.63

沖縄の割り箸の袋によく書かれている文字が「うめーし」。「うめーし」とは沖縄の方言「箸（めーし）」の丁寧な呼び方です。塗り箸では太陽を表した赤、月を表した黄色の赤黄2色の箸が古くから使われてきました。そのため割り箸でもそれをイメージさせる赤黄色の箸袋もあれば、沖縄らしさを表したデザインに「うめーし」と書かれたものもあります。色んな箸袋を集めても楽しいかも。

高校生のお腹と心を満たす
お弁当屋のお母さんは
元スーパーの惣菜主任

　沖縄本島北部、名護市にある県立名護商工高校の正門前にうすピンク色の壁の小さな間口のお弁当屋さんがあります。「丼ぶり弁当　丼どん」です。

　火曜日の朝8時56分。扉を開けると女子高校生2人がお弁当を選びながらお店の女性と話していました。「きょう朝、全然時間なくて遅れちゃったー。遅刻遅刻」。彼女の横顔を見ると、メイクをばっちりする時間はあったようです。
「そうなの？　いってらっしゃい！」

　高校生に明るく声を掛けたのはこの店を一人で切り盛りする大城陽子さん（70歳）。この場所でお弁当屋さんを始めて11年になります。売場の広さ1畳程のお店です。
「働いていたスーパーを定年退職で辞めて次は何をしようかなと思っていたら、子供たちや周りのみんなが『お弁当屋さんやったら？』と言うので軽い感じで始めたのがきっかけです」

　大城さんはかつて地元スーパー、タウンプラザかねひででお惣菜作りを担当。主任まで務めました。「スーパーで働いていた時のお弁当を一から作るノウハウはあるので、それがよかったのかなって思います。今は一人で気ままにやっています」

　毎朝4時に起床し、4時30分には厨房入り。「お米は7.5kgを3回に分けて炊いてます。炊飯器は4kgまで炊けるけど重くて持てないので。白ごはんを2回とジューシー1回ですね」

　大城さんが1日に一人で作るお弁当の数は70個。8時の開店までにある程度作り、開店後も10時頃まで調理が続きます。「学校で売る分は並べないでとっておいて、だいたい12時から12時30分くらいま

翌日用の仕込みをする大城さん

で学校の中で売ります」。

　沖縄は県立高校に学食がなく、高校は大城さんをはじめ近隣のお弁当屋さんに日々の弁当販売時間を記した「月間行事予定表」を配布。その時間に合わせて大城さんは学校にお弁当を持っていきます。

　学校から戻ると営業を再開。そして14時に閉店です。「その時間までしか体がもたない」という大城さんですが、店を閉めた後は翌日分の仕込み。仕事は続きます。「調理しながら材料を洗ったり切ったりするのはダメ。一人で手際よく作るには前の日に仕込みをちゃんとやること。次の日すぐに調理ができるようにしています」

　大城さんには家族のバックアップもあります。
「おにぎりだけは保育士の娘が出勤前に作ってくれるんです。ポークたまごおにぎり32個とジューシーおにぎり10個です」。

　店先のお弁当紹介のボードも娘さんの手作り。かわいらしい装飾に保育士さんならではと納得しました。

　大城さんは10、20代と県外で過ごした後、沖縄に戻ってきました。3人の子供を一人で育てるため、スーパーとステーキ屋さんの仕事を掛け持ち。徐々にスーパーの仕事が忙しくなり、「体がもたない」とステーキ屋さんを辞めスーパーで定年まで勤めあげました。

　大城さんの作るお弁当はいわゆる「うちなー弁当」ではなく、ごはんとおかずがセパレート。スーパーのお弁当のようでもあり、洗練されています。容器が9分割された「9品弁当」もあります。「若い女性が色んなおかずが食べたいと言って、買ってシェアしたりしているみたいですよ」

　定休日は土、日、祝日。しかし大城さんにお休みはありません。「土曜日は仕入れにまわるさ、日曜日は仕込み。お弁当の蓋に貼るシールも準備しなきゃいけないでしょ。年中無休と一緒。趣味ですか？ないなぁ。寝ることですね」
「あと5年、10年、どのくらいできるかわからないけどさ、また近くに来たら遊びにおいで」

　手間暇かけたお弁当と笑顔の大城さんに会いに、高校生だけではなく卒業生も丼どんの扉を開きます。

「丼ぶり弁当　丼どん」はP.77に掲載

丼どんのお弁当と丼ぶりもの。ごはんは白飯とジューシーの2種類

9品弁当（左）とおにぎり

19

AREA 1

那覇市
NAHA city

沖縄本島の中心地

元祖 焼き鳥弁当　ゴンちゃん弁当　MATSU屋　二号線　たんぽぽ弁当
キロ弁那覇店　むんじゅる弁当　ミトチャキッチン 新天地通り店　味見屋
わかさ弁当本店　ダージリン　菜菜　丸江弁当　楽丸屋弁当
ライズキッチン　みっちゃん弁当　もみじ弁当　むいむい弁当
ロッキー食品　味彩弁当　ランチハウス 茶々

沖縄の旅は
ここからスタート！

沖縄本島の南部に位置する、沖縄県の県庁所在地の那覇市。那覇市には県内最多の約31万人が暮らし、那覇空港、那覇港があることから沖縄全体の玄関口となっています。観光、グルメ、ショッピングと楽しみがいっぱいです！

定番の国際通り

那覇 AREA 1

壺屋やちむん通り
沖縄の伝統的な焼物を意味する「やちむん」の窯元や販売店、おしゃれなカフェなどが軒を連ねるノスタルジックな石畳の通りです。国際通りにも近く、散策にお勧めです。

識名園
首里城の南に位置する琉球庭園。琉球王家の別邸で、18世紀の完成当時は中国皇帝からの使者をもてなす場として利用されました。2000年に世界遺産に登録されました。

守礼門
琉球王国の王城、首里城の入り口に立つ楼門。二千円札紙幣に描かれていることでも有名です。扁額の「守禮之邦」は「礼儀を守る国」という意味を持ちます。

波上宮
海の彼方の理想郷「ニライカナイ」を望む聖地にあり、琉球王国時代から、国王自ら参詣していたという由緒正しい歴史を持ちます。パワースポットとしても人気です。

巨人キャンプ
2011年からプロ野球・読売ジャイアンツが春季キャンプを那覇市で行っています。球場は那覇空港からゆいレールで3駅目、奥武山（おうのやま）公園駅前の沖縄セルラースタジアム那覇です。

ゆいレール
那覇空港から那覇、浦添市内の各所を結ぶ都市モノレール。人気スポットの国際通りや新都心のおもろまち、首里城にアクセスできます。他都市の交通系ICカードが利用可能です。

那覇バスターミナル
那覇空港からゆいレールで5駅目の旭橋駅に隣接する那覇バスターミナルは、本島内各地に行くためのバス路線が集まっています。レンタカーを使わない旅行者の旅の入り口です。

那覇空港
沖縄本島に訪れるほとんどの人が利用する空の玄関口。国内線はもちろん、拡張された国際線ターミナルもあって、観光シーズンにはたくさんの人が。各種お土産ものも揃います。

元祖 焼き鳥弁当

MAP P.84 B-0 ❷

店の外はマリーナ　その場で炭火焼きした焼き鳥のお弁当！
那覇港湾、小型船舶が停泊しているすぐ隣のお店。その場で炭火焼した焼き鳥とねぎがごはんにのってウキウキです。店内での食事も可能。お酒も提供しています。

〒900-0001 沖縄県那覇市港町３丁目１−２３
📞 080-3997-4284　🕙 10時30分〜17時　日曜休み
焼き鳥弁当500円、豚バラ弁当550円。焼き鳥単品100円など

ゴンちゃん弁当

MAP P.84 B-0 ❸

具だくさんの味噌汁と中身汁に癒される〜
那覇新港ふ頭の近く。お弁当はごはんとおかずのセパレートタイプが中心です。そばは自家製出汁。7種の具材が入った味噌汁と中身汁のあったかメニューはリピーター多数！

〒900-0002 沖縄県那覇市曙２丁目２２−３６ ヤビクビル
📞 098-866-9123　🕙 惣菜4時〜　弁当5時〜13時　日曜休み
弁当500円、味噌汁小100円、400円、中身汁550円。ごはんセットはプラス100円

・訪問した際に許可を得られたお弁当屋さんのみ掲載しています。
・多くのお店が個人経営のため、営業時間と定休日は流動的です。また商品がなくなり次第営業終了となる場合があります。

MATSU屋

MAP P.84 C-0 ⑤

蓋からあふれそうな具材とソーキ汁が人気！

国道58号線安謝交差点近く。親子丼やゴーヤーチャンプルーは300円台※でも蓋からあふれそうな量。野菜がゴロっと入ったソーキ汁は寒い季節に人気です。

〒900-0003 沖縄県那覇市安謝２４６－８ 金城アパート
🕐 5時30分〜14時　日、祝祭日休み
弁当370円、380円、470円、ソーキ汁600円。※2024年12月に20〜30円値上げ予定

二号線

MAP P.84 C-1 ⑥

居酒屋さんの店頭で販売。絶えずお客さんが訪れる人気店

jimmy's 那覇店の斜め前、銘苅交差点近く。とんかつ、親子丼、豚丼、豚しょうが焼き、カツカレー、チャーハンの定番メニューを求めるお客さんが途絶えません。

〒900-0004 沖縄県那覇市銘苅３３５－１
📞 098-862-7221　🕐 17時〜23時　日曜休み
弁当500円など

・メニューや価格は2024年9、10月現在のものです。物価上昇などにより変わることがあります。
・日替わり弁当がメインのお店をはじめ、弁当の商品名を明示していないところが多くあります。

たんぽぽ弁当

MAP P.84 C-1 ❼

長年のキャリア。バランスの取れたメニュー！
国道58号線、泊交差点の東側、40年近くのキャリアで近所に暮らす留学生たちにも愛されているお店。がっつりボリューム系だけではなく鮭や鯖などのお魚、野菜もしっかり摂れて嬉しいです！

〒900-0012 沖縄県那覇市泊2丁目18−1
📞 098-861-8168　🕗 8時～12時30分頃　土、日、祝祭日休み
弁当370円、450円など

キロ弁那覇店

MAP P.84 C-1 ❽

お腹も心も満たす1キロ弁当！
泊交差点近く、充実のボリュームです。ごはんをモグモグ、付け合わせのパスタに癒されます。量だけではなく種類も豊富。メニュー、サイズどちらも充実です。

〒900-0012 沖縄県那覇市泊2丁目4−3 高橋ビル 1F
📞 098-943-0458　🕗 6時～14時　土曜7時30分～14時　日曜休み
ごはんとおかず別盛り600円　日替わり350円、450円など

・訪問した際に許可を得られたお弁当屋さんのみ掲載しています。
・多くのお店が個人経営のため、営業時間と定休日は流動的です。また商品がなくなり次第営業終了となる場合があります。

むんじゅる弁当

MAP P.84 C-2 ❶

昼も夜もお客さんが絶えない人気店！

安里駅近く、330号線から入った住宅街に深夜も営業のお店。精米したてのお米が自慢。おかずと副菜がガツンと入ったお弁当を求めるお客さんが絶えません。「むんじゅる」は「麦わら」のこと。

〒902-0065 沖縄県那覇市壺屋2丁目13-17
☎ 098-853-8741　🕘 9時〜14時　17時〜5時30分頃　土曜夜と日曜休み
弁当500円など

ミトチャキッチン 新天地通り店

MAP P.84 C-2 ⓭

レトロ商店街の中でやわらか唐揚げを！

牧市公設市場から農連市場に向かう途中の細いアーケード街のお店。お弁当はもちろんサイドメニューも充実。大きくてプリプリの旨塩唐揚げが人気です。

〒900-0014 沖縄県那覇市松尾2丁目21-14
☎ 080-9853-4332　🕘 8時〜17時　日曜休み
弁当400円、500円など

・メニューや価格は2024年9、10月現在のものです。物価上昇などにより変わることがあります。
・日替わり弁当がメインのお店をはじめ、弁当の商品名を明示していないところが多くあります。

味見屋

MAP P.84 C-1 ⑯

人気の日替わりメニュー！白米、玄米が選べる

美栄橋駅近く、なかよし通り沿い。日替わりメニューが月単位でわかるので毎日が楽しみに。ごはんは白米と玄米から選べます。種類が豊富な中でベーコンエッグが意外な人気メニューです。

〒900-0016 沖縄県那覇市前島1丁目15－18
☎ 098-941-3320　🕐 7時～12時30分　日、祝祭日休み
弁当450円、500円など

わかさ弁当本店

MAP P.84 B-1 ⑰

丁寧に仕上げたおかず充実でこのお値段？

松山の繁華街近く、ホテルも多いエリアです。朝5時過ぎからお弁当を並べ始める働くみんなの味方！広めの厨房でハンバーグや揚げ物、副菜まで丁寧に仕上げているのに、お値段にびっくりです！

〒900-0016 沖縄県那覇市前島3丁目21－3
☎ 098-861-3128　🕐 5時～13時　日曜休み
弁当350円、400円など

・訪問した際に許可を得られたお弁当屋さんのみ掲載しています。
・多くのお店が個人経営のため、営業時間と定休日は流動的です。また商品がなくなり次第営業終了となる場合があります。

ダージリン

MAP P.84 C-2 ⑲

おしゃれで健康的かつ品数たくさんのお弁当　唯一無二です

那覇高校前のお店。野菜は温、生どちらも彩り鮮やかで揚げ物にはレモン添えも。ほっけ焼きやクラムチャウダースープなど他にはない品々。五穀米もあります。

〒900-0023 沖縄県那覇市楚辺1丁目2-68
☎ 098-855-7282　🕙 10時〜13時30分　土、日、祝祭日休み
弁当550円、650円、クラムチャウダースープ150円（単品不可）

菜菜

MAP P.84 B-1 ㉒

サイズが選べるバイキング弁当！

旭橋駅の西側、西消防署通り沿いです。お昼過ぎまでお弁当の販売を行う飲食店。できたての多彩なおかずにごはんは白米、雑穀米、玄米から選べるのが嬉しい。ホテルの朝食みたい！

〒900-0033 沖縄県那覇市久米1丁目16-7
☎ 090-6866-1277　🕙 8時〜13時　17時30分〜21時　土、日、祝祭日休み
弁当サイズごとに350円、400円、450円、500円

・メニューや価格は2024年9、10月現在のものです。物価上昇などにより変わることがあります。
・日替わり弁当がメインのお店をはじめ、弁当の商品名を明示していないところが多くあります。

丸江弁当

MAP P.84B-1 ㉓

チキンドラムなどちょい足し一品も充実！

若狭大通りからつながる上之蔵大通り沿いです。コロッケやチキンドラムなどのお惣菜も充実。洗練された盛り付けも魅力です。早朝営業の人気店ですがお店の前に車を停めちゃダメですよー

〒900-0033 沖縄県那覇市久米1丁目25-9
☎ 098-868-3322　5時〜15時　月、日、祝祭日休み
弁当300円から500円など　　　※P.10にインタビュー掲載

楽丸屋弁当

MAP P.84 B-1 ㉔

商業高校の目の前。学割もあってやさしい！

那覇商業高校の向かい、中国式庭園「福州園」の並び。ボリューム系にカレーライス、沖縄そばはもちろんちょい足しの揚げ物も種類豊富です。Uber Eats、出前館などのデリバリーにも対応。

〒900-0033 沖縄県那覇市久米2丁目18-7
☎ 098-867-7211　6時〜14時　日、祝祭日休み
弁当370円、480円、500円など

・訪問した際に許可を得られたお弁当屋さんのみ掲載しています。
・多くのお店が個人経営のため、営業時間と定休日は流動的です。また商品がなくなり次第営業終了となる場合があります。

ライズキッチン

MAP P.84 B-2 ㉖

おしゃれで手が込んだ工夫の品々！

奥武山公園駅の近くです。手作りのビーフハンバーグに朝作りたての島豆腐が入ったチャンプルー、涼しくなったらカレーライスと工夫されたメニューがおしゃれな盛り付けで並びます。

〒901-0151 沖縄県那覇市鏡原町4-10
📞 098-852-0322　🕗 8時～13時　土、日、祝祭日休み
弁当550円から

みっちゃん弁当

MAP P.84 B-2 ㉗

シニア世代に煮つけ弁当が人気！

地元で50年以上、長く愛されている老舗。お肉系はもちろん、シニア世代には煮つけが人気です。ゆいレールの赤嶺駅でみっちゃんのポスターに会えるかも！赤嶺駅からは徒歩5分です。

〒901-0153 沖縄県那覇市宇栄原1丁目16-10　1F
📞 098-857-7606　🕗 8時～13時　日、祝祭日休み
弁当500円など

・メニューや価格は2024年9、10月現在のものです。物価上昇などにより変わることがあります。
・日替わり弁当がメインのお店をはじめ、弁当の商品名を明示していないところが多くあります。

もみじ弁当

MAP P.84 B-2 ㉚

デパ地下グルメのようなお弁当　県産食材にこだわる

小禄駅前、イオンの隣。揚げ物はわずかで選び抜かれた食材、塩分控えめの丁寧なお弁当が並びます。毎月6日は「おろく駅弁の日」。駅構内でも販売中。

〒901-0155 沖縄県那覇市金城5丁目11−11　ヴィラサンパティーク 102
☎ 098-859-0915　🕒 10時〜16時　土曜11時〜14時　日、祝祭日休み
日替わり弁当750円（白米、黒米）、ごはんをサラダに変更850円

むいむい弁当

MAP P.84 C-2 ㊲

副菜にも手間暇かけているのにコスパがいい！

古波蔵大通りから北側へ。お値打ちなのに野菜を使った副菜が充実。沖縄そばは100円なのにポーク、卵、ねぎの具材入り。みんなに嬉しいお店です。

〒902-0075 沖縄県那覇市国場1183−4　新屋マンション
☎ 098-851-9286　🕒 4時〜13時30分　第1、3、5土、日曜休み
弁当300円、350円、450円など

- 訪問した際に許可を得られたお弁当屋さんのみ掲載しています。
- 多くのお店が個人経営のため、営業時間と定休日は流動的です。また商品がなくなり次第営業終了となる場合があります。

ロッキー食品

MAP P.84 C-2 ㊳

早朝から常連客がお値打ちの充実弁当を求める

沖縄尚学高校の近く。「とにかく安い」「おいしい」をモットーに、うちなー弁当らしいボリューム感あるお弁当をリーズナブルに提供しています。丼ものも充実。

〒902-0075 沖縄県那覇市国場1190-4
☎ 098-854-3336　🕒 5時〜13時　日、祝祭日休み
弁当350円、400円、500円など

味彩弁当

MAP P.84 C-2 ㊴

学生、働く人に心強い　お値打ちでがっつりいけるお弁当

沖縄大学近くのお弁当屋さん激戦区でみんなの財布にやさしいお店。350円でも肉野菜のバランスとボリューム感を兼ね備えたお弁当が並びます。

〒902-0077 沖縄県那覇市長田1丁目24-10
☎ 098-836-6919
弁当300円、350円、400円など

・メニューや価格は2024年9、10月現在のものです。物価上昇などにより変わることがあります。
・日替わり弁当がメインのお店をはじめ、弁当の商品名を明示していないところが多くあります。

ランチハウス 茶々

MAP P.84 C-2 ㊵

弁当店集中エリアの色鮮やかなお弁当

沖縄大学近く、弁当店が多く並ぶエリア。うちなー弁当には珍しく料理にレタスを敷いて目にも口にも嬉しいです。軟骨ソーキやささみしそチーズ巻きなど他にはないメニューも！

〒902-0077 沖縄県那覇市長田1丁目24-5 満月荘
☎ 098-834-8772　🕐 5時30分～13時　日曜休み
弁当300円、350円、500円など

室井昌也 ボクとあなたの好奇心　FM那覇 木15:00～

毎週木曜日の午後3時、沖縄・FM那覇のスタジオから生放送でお届け！
ポッドキャスト配信も！

室井昌也とリスナーが日常で抱いたちっちゃな「好奇心」を共有するトーク番組です。リスナーが気になっている、人、場所、食べ物、本、言葉、におい…などなどのメッセージを紹介。それを深掘りせず、つまみ食いして、みんなで視野を広げて「ちょっとだけ心を豊かに」しちゃおうという1時間。みなさんからのメッセージが番組の命です！　KBOリーグの試合結果情報と本の紹介コーナーもあります（論創社提供）。

YouTubeで生放送と過去の放送が、世界中から動画つきで見られます！！

- 訪問した際に許可を得られたお弁当屋さんのみ掲載しています。
- 多くのお店が個人経営のため、営業時間と定休日は流動的です。また商品がなくなり次第営業終了となる場合があります。

第10回 沖縄書店大賞
沖縄部門 優秀賞受賞！

沖縄の書店員が
今、いちばん
読んでほしい本

沖縄のスーパー
お買い物ガイドブック

論創社
室井昌也編著

**路線バス、
ゆいレールでのアクセス
プロ野球キャンプ地情報も**

**地元5大スーパー
全面協力！**
全168店舗を掲載

**沖縄のスーパーで買える
愛されフード
127点を大紹介！**
お土産にも最適！

馴染みの
スーパーが
もっと
身近に！

うちなーんちゅ

観光客

沖縄の
生活や文化が
詳しく
わかる！

地元で親しまれる道の駅紹介と
共同売店のコラム掲載

バスのハンドルを握る玉城さん

働く人のお弁当
Nバスの運転手さん編

このコーナーでは沖縄で働く人のお弁当をご紹介します。

　玉城多津子さんは25年を超えるキャリアを重ねてきたバスの運転手さん。71歳の現役ドライバーです。

「前職はトラックの運転手でした。縁があってバス会社に入社して路線バスを運転して、65歳で定年した後は観光バス。今は地元南城市のNバスで働いています」

　Nバスは2019年10月に誕生した、沖縄本島南部の南城市（なんじょうし）を走るコミュニティーバス。南城市役所を起終点として、大きく分けて6つのルートが市内各地を走っています。

「路線バスを運転している時から、景色がいい南城市の路線を乗務するのが好きでした。海を見ていると癒されます。海を見て運転していると全然疲れないです」

　玉城さんお勧めのスポットは「ニライ橋・カナイ橋」。県道86号（南風原知念（はえばるちねんせん）線）から国道331号線へ下る途中にある2つの橋がつながっている場所です。高低差のある地形に大きなカーブを描いています。

「山から下っていく時に見える海が最高です。朝早い便だと朝日が上がっていくのが見えてきれいですよ」

コミュニティーバスの車体は路線バスよりもコンパクト

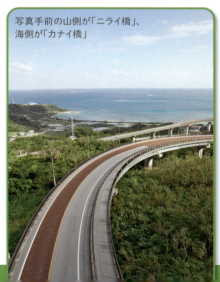

写真手前の山側が「ニライ橋」、海側が「カナイ橋」

34

玉城さんはバスの運転だけではなく、ドライバーの常務管理などを行う運行管理者として営業所での業務も行います。「運行について電話でのお問い合わせも多いので、Nバスが地元の人に親しまれていると感じます」

運行管理者の業務も行う玉城さん

玉城さんはバスの運転手について「車は大きいですが体力はいらないので、運転が好きなら女性に向いている仕事だと思います。キツい仕事ではないですよ。私は普段から人の車に乗るよりも、自分で運転した方がいいのでこの仕事は好きです」と話します。

玉城さんがお昼ごはんにお弁当を用意するのは、運行管理者の業務を行う週2日のみ。ドライバーとして乗務する時はお昼ごはんを食べている時間はないそうです。

「終点の市役所に戻ってきて、次のバスに乗務するまでの間は20〜30分です。遅延があるともっと短くなります。男性運転手の中にはその間にお弁当を食べる人もいますが、私の場合はカロリーメイトとかで済ませてしまいます」

写真は玉城さんが営業所で運行管理者業務を行う時のお弁当。パパイヤしりしりとへちまの味噌煮。健康に気を配ってごはんは玄米。「たまご焼きは必ずのりを巻いています」

沖縄は小学生登下校時の自家用車での送り迎えが全国で最も多い地域（沖縄県調べ）。南城市ではNバスを使って通学する小学生も多く、玉城さんは子供たちの安全を保つ役割も担っています。

Nバスは車内の停留所のアナウンスが録音された市内の大人、子供たちの声で流れるのも特徴です。

南城市役所内のカフェレストラン「なんじぃJr.」内にはバス運行情報の表示版がある。「なんじぃ」とは南城市のキャラクターのかわいいおじいちゃんの名前

AREA 2
南部
NANBU

糸満市　ITOMAN city
豊見城市　TOMIGUSUKU city
南城市　NANJO city
与那原町　YONABARU town
八重瀬町　YAESE town
南風原町　HAEBARU town
浦添市　URASOE city
西原町　NISHIHARA city

うなとり弁当 糸満店　フレンドハウス　丸糸ショップ　はるちゃん弁当
弁当屋28BOX　888家弁当　仕出し弁当 一歩　おべんとうのやま家
たんぽぽ食堂　パーラーヨシトモ　南農前商店　ふうちゃん弁当
シークヮーサー お弁当　そうざい弁当 凪月　たけの子弁当
弁当の店ひるぎ　ひるぎ食堂　どぅしぐわー弁当　スーパーコムコム
吉家弁当天ぷら店　なか家　味の店ひらかわ　キッチンくろーばー
与儀ミート　アチコーコー屋

リゾートだけじゃない 沖縄の魅力がいっぱい

那覇のベッドタウンで、歴史と伝統、沖縄の原風景を感じる自然が混在したエリアです。見どころいっぱいの新スポットのオープンも続き、注目度がアップしています。那覇空港から近くアクセスしやすいのも魅力です。

ニライカナイ橋（南城市）

南部 AREA 2

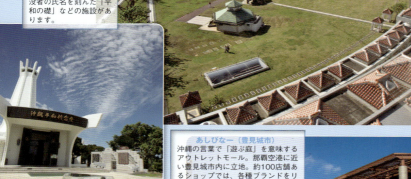

平和祈念公園（糸満市）
沖縄戦終焉の地、糸満市摩文仁にあります。園内には約20万人が犠牲になった沖縄戦について学べる平和祈念資料館、戦没者の氏名を刻んだ「平和の礎」などの施設があります。

あしびなー（豊見城市）
沖縄の言葉で「遊ぶ庭」を意味するアウトレットモール。那覇空港に近い豊見城市内に立地。約100店舗あるショップでは、各種ブランドをリーズナブルな価格で購入できます。

与那原大綱曳（与那原町）
豊作祈願の神事として始まった、440年余りの伝統を誇る沖縄県三大大綱引きの一つで、毎年8月に開催されます。与那原町には町立の綱曳資料館もあります。

斎場御嶽（南城市）
「せーふぁーうたき」と読みます。15～16世紀、琉球王国・尚真王時代の御嶽（琉球神道で祭祀などを行う施設）と言われます。「せーふぁー」は最高位を意味します。

糸満ハーレー（糸満市）
毎年、旧暦の5月4日に実施される航海の安全や豊漁を祈願する海の神事で、爬竜船（はりゅうせん）と呼ばれる船で競漕を行います。その歴史は500年以上と言われます。

ヤクルトキャンプ（浦添市）
ANA BALL PARK浦添では、毎年2月に東京ヤクルトスワローズがキャンプを実施。運動公園内にはグッズショップや選手のパネルなどが設置され、にぎわいを見せます。

富盛の石彫大獅子（八重瀬町）
かつて、八重瀬町の富盛集落で相次いだ火事。それを鎮めようと1689年に建立されたシーサーです。高さ141.2cm、体長175.8cmで一番古いシーサーと言われています。

37

うなとり弁当 糸満店

MAP P.82 C-1 ③

三枚肉や麻婆豆腐などバリエーション豊富！

定番メニューから三枚肉や麻婆豆腐など種類が豊富。おにぎりや揚げ豆腐、沖縄そばもあって充実しています。明るい雰囲気の笑顔あふれるお店です。

〒901-0313 沖縄県糸満市賀数２５１－７
📞 080-7835-0001　🕐 7時～14時　水、日曜休み
弁当370円、450円、500円など

フレンドハウス

MAP P.82 B-2 ④

お肉も野菜もボリューム満点。汁物も人気！

交差点のわかりやすい場所にあるお店。充実のボリュームに汁物も人気。広いイートインスペースもあって常連さん多数です。裏メニューはオムライス？

〒901-0315 沖縄県糸満市照屋１８４－１
📞 098-992-6600　🕐 6時～13時　日曜休み
弁当500円など

・訪問した際に許可を得られたお弁当屋さんのみ掲載しています。
・多くのお店が個人経営のため、営業時間と定休日は流動的です。また商品がなくなり次第営業終了となる場合があります。

丸糸ショップ

MAP P.82 B-2 ⑤

愛されるスーパーにお値打ちものいっぱい

地元で愛されるスーパー。ワゴンに種類豊富でお値打ちなお弁当が並びます。タコライスや丼ものも。小さめサイズからがっつり系まで選べます。

〒901-0304 沖縄県糸満市西川町２１－７
☎ 098-994-2629　🕐 6時〜20時　日、祝祭日休み
弁当300円から480円など

はるちゃん弁当

MAP P.82 C-2 ⑦

日替わりの汁物とサイドメニューも嬉しい！

人気のごはんとセットの汁物は日替わり。金曜日はソーキ汁を食べて週の最後をひと頑張り！　種類豊富なお弁当、白身魚フライのおにぎりもお勧めです。

〒901-0325 沖縄県糸満市大里４３８－１
🕐 7時〜13時　土、日、祝祭日休み
弁当350円、450円、550円など

・メニューや価格は2024年9、10月現在のものです。物価上昇などにより変わることがあります。
・日替わり弁当がメインのお店をはじめ、弁当の商品名を明示していないところが多くあります。

39

弁当屋 28BOX

MAP P.82 B-2 ⑩

水産高校のすぐ前。幅広く選べる！

沖縄水産高校（沖水）の目の前。小ぶりなお弁当からがっつりもの、パン、おにぎり、沖縄そばと幅広く選べます。朝早くから営業の嬉しいお店です。

〒901-0304　沖縄県糸満市西川町17-6
☎ 098-994-2818　🕐 7時～14時　日曜休み
弁当380円、400円、450円、500円、600円など

888家弁当
（ババババヤ）

MAP P.82 B-2 ⑪

副菜も充実！沖水の目の前のお店

朝早い時間から営業。那覇から移転してきたお店。メインのおかずはもちろん、副菜のひじきやたくあん、パスタなどのバリエーションも豊富です。

〒901-0304　沖縄県糸満市西川町22-6
☎ 098-992-2060　🕐 6時半～18時　土、日、祝祭日休み
弁当400円など

- 訪問した際に許可を得られたお弁当屋さんのみ掲載しています。
- 多くのお店が個人経営のため、営業時間と定休日は流動的です。また商品がなくなり次第営業終了となる場合があります。

仕出し弁当 一歩

MAP P.82 B-1 ⑱

彩りとバランス、センスを感じるお店

豊見城と糸満を結ぶ県道256号線沿いです。お肉とお魚がバランスよく詰められて、ゴーヤーなど野菜も色鮮やか。卵も目玉焼きとたまご焼きから選べて、盛り付けにもセンスがあふれています。

〒901-0222 沖縄県豊見城市渡橋名２７８－１
📞 098-850-3233　🕘 9時～13時　土、日、祝祭日休み
弁当450円、500円など

おべんとうのやま家

MAP P.86 C-3 ⑲

食べたいおかずがギュッと詰まってる！

古波蔵から豊見城に向かう県道11号線沿いです。うちなー弁当らしく食べたいおかずが種類豊富にたくさん詰められたお弁当。箸休めや副菜で彩りにも気を配っているやさしさを感じるお店。

〒901-0242 沖縄県豊見城市高安１２１
📞 098-850-8092　🕘 7時～13時　土、日、祝祭日休み
弁当500円（大）など

・メニューや価格は2024年9、10月現在のものです。物価上昇などにより変わることがあります。
・日替わり弁当がメインのお店をはじめ、弁当の商品名を明示していないところが多くあります。

たんぽぽ食堂

MAP P.82 B-1 ⑳

かつては食堂　ボリューム満点のお弁当
食堂だった頃の名残があるお店。早朝から営業、安くてボリューム満点のみんなの味方。人気はとんかつ、丼ものや沖縄そばもあります。

〒901-0221 沖縄県豊見城市座安３３２−２
📞 098-850-7837　🕐 6時過ぎ〜売り切れ次第　日曜休み
弁当450円、500円など

パーラーヨシトモ

MAP P.86 A-3 ㉑

コンテナのお店だけど種類が豊富！
運送、輸送関連の会社が並ぶ一角にあるお店。ボリュームがあるのに盛り付けはきれいです。沖縄ちゃんぽん（ごはん）には温玉。細部にセンスを感じます。

〒901-0224 沖縄県豊見城市与根４１−７
📞 080-6483-8206　🕐 6時〜13時　土、日、祝祭日休み
弁当350円、400円、500円、汁物ごはんセット600円など

・訪問した際に許可を得られたお弁当屋さんのみ掲載しています。
・多くのお店が個人経営のため、営業時間と定休日は流動的です。また商品がなくなり次第営業終了となる場合があります。

南農前商店

MAP P.86 C-3 ㉓

農林高校前　ごはんが見えないおかず天国

南部農林高校前のお店。これぞ「うちなー弁当」なごはんが見えないおかずいっぱいの盛り付け、チャーハンなどの豊富な種類、空港の売店他にも卸しています。

〒901-0203 沖縄県豊見城市長堂４００−８
☎ 080-9106-2108　🕐 6時〜13時30分　日曜休み
弁当400円、450円など

ふうちゃん弁当

MAP P.87 G-3 ❷

往年の「日活スター」がお出迎えの人気店

「赤木圭一郎」似のご主人と奥さん「ふうちゃん」が迎える屋比久バス停前のお店。出汁の利いた煮つけとボリュームあるお弁当、沖縄そばを求めるお客さんが集います。

〒901-1406 沖縄県南城市佐敷屋比久１２０−４
☎ 098-947-0303　🕐 8時〜12時　日曜休み
弁当500円など

シークヮーサー お弁当

MAP P.83 G-1 ❹

煮物、焼物、揚げ物、炒め物ぜんぶが摂れる

コストコ沖縄南城倉庫店の近く。丁寧に仕上げた多彩なおかずがまとめて摂れます。偏りなく色々な味が楽しめるお弁当。隣がコンビニなので飲み物やおやつを買うのに便利です。

〒901-0608 沖縄県南城市玉城親慶原１６−２
📞 098-943-3316　🕐 6時〜14時　日、月曜休み（祝祭日の月曜日は営業）
弁当500円など

そうざい弁当 凬月（ふうづき）

MAP P.83 E-0 ❺

交差点近く　種類豊富なおかずに満足

稲嶺十字路そば。お弁当は種類豊富なおかずに目も味も満足。ソーキ汁やてびちの煮つけもあります。現金のみのお店も多い中、各種電子マネーにも対応。

〒901-1204 沖縄県南城市大里稲嶺２０３０
📞 098-946-8135　🕐 7時〜14時　日、月、祝祭日休み
弁当450円、ソーキ汁650円、てびち煮つけ650円など

- 訪問した際に許可を得られたお弁当屋さんのみ掲載しています。
- 多くのお店が個人経営のため、営業時間と定休日は流動的です。また商品がなくなり次第営業終了となる場合があります。

たけの子弁当

MAP P.87 F-2

海沿いの常連さんたちに愛されるお店
板良敷の海沿いのお店。かつては食堂、現在はお弁当屋さんに。お弁当はもちろんジューシーおにぎりが人気です。地域の人たちに愛されてお昼過ぎには売り切れです。

〒901-1301 沖縄県島尻郡与那原町板良敷４７８－１
☎ 098-944-4038　　７時〜15時45分　水曜休み
弁当500円など

弁当の店ひるぎ ひるぎ食堂

MAP P.82 C-1

レトロなインテリアの食堂！
畑の中の小さくておしゃれな食堂は壁一面に昭和を感じるグッズが。食堂としての営業の他、お弁当も販売しています。お弁当は事前の電話注文がお勧め。

〒901-0414 沖縄県島尻郡八重瀬町当銘２５６－８
☎ 098-998-2003　　９時30分〜14時30分　日、祝祭日休み
弁当500円など

・メニューや価格は2024年9、10月現在のものです。物価上昇などにより変わることがあります。
・日替わり弁当がメインのお店をはじめ、弁当の商品名を明示していないところが多くあります。

どぅしぐゎー弁当

MAP P.87 E-2 ⑩

ボリューム満点、みんなの友だち!

「どぅしぐゎー」とは「友だち」のこと。ごはんの上にもたっぷりおかずがのった、ボリューム満点のうちなー弁当です。人気のから揚げを食べてテンションアップ!

〒901-1303 沖縄県島尻郡与那原町与那原５４６−３
🕐 9時〜12時30分　土、日、祝祭日休み
弁当500円など

スーパーコムコム

MAP P.88 B-3 ②

イートインも!　熱烈に愛されているお店

国道58号線の東側、小湾川沿いです。お弁当はもちろん、1日100パック以上売り上げるジューシーおにぎりが人気。汁物、お惣菜も充実。冷凍野菜を使わないこだわりとお値打ち感もあります。

〒901-2125 沖縄県浦添市仲西２丁目６−14
📞 098-877-9030　🕐 5時45分〜18時　土曜5時45分〜13時　日曜休み
弁当550円など

・訪問した際に許可を得られたお弁当屋さんのみ掲載しています。
・多くのお店が個人経営のため、営業時間と定休日は流動的です。また商品がなくなり次第営業終了となる場合があります。

吉家弁当天ぷら店

MAP P.88 C-3 ❸

お惣菜も充実　重箱、オードブルが得意なお店

浦添前田駅と安波茶交差点の間。盛りだくさんなうちなー弁当ながら上品に仕上げています。天ぷらやコロッケなどのお惣菜も充実。揚げ物だけではなく煮物系弁当も。

〒901-2103 沖縄県浦添市仲間3丁目3－14
📞 098-874-0560　🕐 5時～17時　年中無休
弁当400円、550円など

なか家

MAP P.88 B-3 ❺

閉店前は半額！　豆腐系メニューも人気

国道58号線から国立劇場おきなわ側に入った場所。充実のお弁当は13時前には半額に。イートインのゆし豆腐、麻婆丼、カレー、沖縄そばも人気のお店。

〒901-2122 沖縄県浦添市勢理客4丁目9－14
🕐 6時～13時　日、祝祭日休み
弁当480円など。イートインのカレー300円など

・メニューや価格は2024年9、10月現在のものです。物価上昇などにより変わることがあります。
・日替わり弁当がメインのお店をはじめ、弁当の商品名を明示していないところが多くあります。

47

味の店ひらかわ

MAP P.88 C-3 ❻

煮物、炒め物と落ち着いた味付けのお弁当！
国道58号線から330号線へとつながる学園通り沿いのお店。小窓越しに商品を受け取るスタイルです。揚げ物弁当に飽きたらこちらへ。カレーも注文できます。

〒901-2133 沖縄県浦添市城間4丁目41-3
📞 098-878-0826　🕐 6時〜14時　日、祝祭日休み
弁当380円、430円、500円、550円など。カレー400円から

キッチンくろーばー

MAP P.88 C-3 ❾

緑の木々に囲まれたお店のひと工夫加えたお弁当
うらそえショッピングセンターの裏手。柚子胡椒味の鶏の唐揚げやカレー味の魚の唐揚げ、甘酢あんかけ、デミチーズオムライスなどひと工夫したお弁当が並びます。

〒901-2133 沖縄県浦添市城間4丁目10-1
📞 098-877-0283　🕐 10時30分〜15時　土、日、祝祭日休み
弁当400円、450円など

・訪問した際に許可を得られたお弁当屋さんのみ掲載しています。
・多くのお店が個人経営のため、営業時間と定休日は流動的です。また商品がなくなり次第営業終了となる場合があります。

与儀ミート

MAP P.88 C-3 ⑫

きれいなお店に豊富な品揃え

浦添商業高校の近くです。お弁当はがっつり系からちょい足し一品のコンパクトなサイズまで豊富。お惣菜、おにぎりもあります。ジュースやお菓子、アイスもこのお店なら揃います。

〒901-2134 沖縄県浦添市港川1丁目23-16
☎ 098-877-3825　7時30分～19時　土曜9時～19時　日、祝祭日休み
弁当380円、420円など

アチコーコー屋

MAP P.88 C-3 ⑬

お弁当とゆし豆腐で胃袋も心もあったかに

浦添運動公園の南、安波茶交差点そば。定番の揚げ物、丼系お弁当とゆし豆腐（おぼろ豆腐）が人気。ゆし豆腐そばもあります。「アチコーコー」とは「あつあつ」のこと。

〒901-2114 沖縄県浦添市安波茶2丁目18-8 10
☎ 098-876-4009　7時～12時　土、日、祝祭日休み
弁当400円、500円など。ゆし豆腐100円、ゆし豆腐そば150円

・メニューや価格は2024年9、10月現在のものです。物価上昇などにより変わることがあります。
・日替わり弁当がメインのお店をはじめ、弁当の商品名を明示していないところが多くあります。

「国立劇場おきなわ」広場前の新城さん。「建物が美しいので娘の成人式の写真もここで撮りました」

「うらそえナビ」のスマホ画面

働く人のお弁当
浦添市観光協会の職員さん編

このコーナーでは沖縄で働く人のお弁当をご紹介します。

　観光客にとって地域を紹介するパンフレットやホームページは貴重な情報源です。一方、地元においても地域の観光地や産業を、多くの人に知ってもらうために欠かすことができません。そのような情報発信をはじめ、様々な業務を行っているのが観光協会です。

　新城歩さんは浦添市観光協会にお勤め。主な担当は経理と総務ですが、限られた人員の中で多くの事業に関わっています。

「浦添市観光協会の業務は大きく自主事業と受託事業の2つに分かれています。自主事業では修学旅行の受け入れ、国の史跡に指定されている『浦添城跡』での

石積みの城壁で囲まれた浦添城跡

『御城印』の販売、『ふるさと納税』の対応などがあります」

　浦添市と言えば毎年2月に行われる、プロ野球の東京ヤクルトスワローズのキャンプ地としても知られています。キャンプに関することも観光協会のお仕事です。

浦添市はヤクルトのキャンプ地

ふるさと納税返礼品の「つば九郎イラスト入りレザーキーホルダー」

浦添城跡御城印

「キャンプの受け入れ準備やキャンプ地でのコンシェルジュブースの運営、神宮球場での『浦添デー』の実施などは市からの受託事業として行っています。観光情報サイトの『うらそえナビ』やSNSでの発信も市から受託して運営しています」

　浦添市は沖縄本島の経済、産業の中心である那覇市のお隣。観光地というよ

50

りも那覇生活圏の印象が強いです。そんな中で新城さんは県外の人だけではなく、「地元の人にも市内の見どころについて興味と自信を持ってほしい」と話します。「『観光パネル展』で市民のみなさんに『あなたの推しスポット』についてアンケートを取りました。浦添市は『琉球王朝発祥の地』とされていて、浦添城跡、浦添ようどれ（陵墓）など歴史文化に触れることもできます」

「観光パネル展」での市民の推しスポットについてのアンケート結果

「カーミー」は亀、「ジー」は岩礁のことで、「カーミージー」は岩の形が亀が伏せたような姿に見えることからそう呼ばれています

地元企業を訪れてPRの情報収集をするのもお仕事の一つです

「沖縄ではたまご焼きは砂糖を入れない甘くないたまご焼きが多いですね。のりを巻いたり、母はねぎを入れて作ってくれていました。私も子供が高校に通っていた時までは子供の分も毎朝お弁当を作っていました」

　新城さんは観光協会のお仕事について「元々、人と話すのが好きなので色んな業種の人たちの話を訊けることが魅力です。そういったコミュニケーションを通して市のPRができることがやりがいです」と話します。

「サンエー浦添西海岸パルコシティの近くにある天然のビーチ「カーミージー」は街からそう離れていないところに『こんなきれいな海があるの？』と、知らない人は驚くと思います」

　新城さんのお弁当。にんじんしりしりとかぼちゃのベーコン巻き、唐揚げとチーズ入りのちくわきゅうり。ブロッコリーとのり入りたまご焼きと彩り鮮やかです。

51

AREA 3

中部
CHUBU

宜野湾市　GINOWAN city
中城村　　NAKAGUSUKU village
北中城村　KITANAKAGUSUKU village
北谷町　　CHATAN town
嘉手納町　KADENA town
読谷村　　YOMITAN village
沖縄市　　OKINAWA city
うるま市　URUMA city
恩納村　　ONNA village
金武町　　KIN town
宜野座村　GINOZA village

みさき弁当　よしの弁当　弁当マキシム　なごみキッチン　パーラーたまき
ゆがふ弁当　maon　ひよこ亭　弁当の店井筒屋　てんぷらや　満福弁当
ランチショップみきちゃん！　パーラー雅　なみ食　あけぼの弁当　やら屋
かんな食堂　吉元弁当　はなちゃん弁当　まさちゃん弁当
お弁当ハウスてんてん　おかずの店兼久　かりゆし弁当　あきちゃん弁当
弁当たいむ　ひまわり弁当　炒炒弁当西原店　STAR-kitchen
MINEキッチン　ライス88　エン万弁当　鶏八亭

様々なリゾートと
ディープな沖縄を体感！

宜野湾、北谷の市街地からほど近い都市型リゾート、北上すると恩納村西海岸の自然豊かなビーチがあります。非日常な空間の美浜アメリカンビレッジ、伝統工芸、芸能など沖縄の様々な顔を見ることができるエリアです。

与勝半島と平安座島を結ぶ海中道路（うるま市）

中部 AREA 3

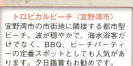

トロピカルビーチ（宜野湾市）
宜野湾市の市街地に隣接する都市型ビーチです。波が穏やかで、海水浴客だけでなく、BBQ、ビーチパーティーの定番スポットとしても人気があります。夕日鑑賞もお勧めです。

エイサー（沖縄市）
エイサーは本土の盆踊りに相当する沖縄の伝統芸能。現世に戻ってくるご先祖様の魂を送り出すため若者たちが歌と囃子に合わせ、太鼓を叩いて踊りながら練り歩きます。

デポアイランド（北谷町）
アメリカンビレッジ内にある海辺の商業施設です。まるで外国のような雰囲気の街並みに、ファッション、雑貨、レストラン、バーなど190を超える店舗があります。

やちむん（読谷村）
中部でやちむん（焼き物）生産が盛んなのが読谷村です。村内には、陶芸家が共同で製作販売する工芸村「やちむんの里」がある他、毎年、やちむん市も開催されます。

道の駅かでな（嘉手納町）
嘉手納町は町の面積の82％が米軍基地。道の駅かでなの展望所からは嘉手納基地が一望できます。飲食店と農産物やお土産も買える充実した施設です。

万座毛（恩納村）
琉球石灰岩の断崖の上に芝生が広がりそこから望む東シナ海は絶景です。2020年に飲食店とお土産が買えるお店が入ったきれいな施設がオープンしました。

DeNA（宜野湾）、中日（北谷、読谷）、広島（沖縄市）、楽天（金武町）、阪神（宜野座村、うるま市）キャンプ
このエリアでは多くのプロ野球チームがシーズン前の春季キャンプを行っています。

みさき弁当

MAP P.88 D-2 ⑱

広いイートイン！メニューも豊富で働く人の味方
コンベンションセンターの近く。約20人が座れる広いイートインスペースがあって150円のおにぎりやスパゲッティなど種類豊富。カレーも人気です。

〒901-2224 沖縄県宜野湾市真志喜2丁目24−9
☎ 098-898-4305　🕒 6時〜14時　土、日、祝祭日休み
弁当500円など

よしの弁当

MAP P.89 E-1 ⑲

ピカピカのお店は早朝スープのサービスも！
普天間のいすのき通りのお店。お昼はもちろん、はしご酒の後のお客さんにも人気です。丼もの、サイドメニューも豊富。温かいスープの販売もあって嬉しい！

〒901-2202 沖縄県宜野湾市普天間2丁目1−14
☎ 098-988-3706　🕒 4時〜14時　日曜休み
お弁当380円、480円、500円、550円など

・訪問した際に許可を得られたお弁当屋さんのみ掲載しています。
・多くのお店が個人経営のため、営業時間や定休日は流動的です。また商品がなくなり次第営業終了となる場合があります。

弁当マキシム

MAP P.88 D-3 ⑳

沖国大のそば、学生とドライバーの強い味方

沖縄国際大学の向かいにあるお店。お値打ちのお弁当は学生とドライバーの味方。コンパクトな容器におかずがぎっしり詰まっています。

〒901-2211 沖縄県宜野湾市宜野湾3丁目13－8
🕗 8時30分～弁当なくなり次第　日曜休み
弁当350円、450円など

なごみキッチン

MAP P.89 E-1 ㉑

弁当店激戦区でお昼前には完売の人気店

いすのき通り沿い。明るい店内に多種多彩なお弁当があって目移りします。お弁当には日替わりスープつき！　チキナー（からし菜の塩漬け）弁当が人気です！

〒901-2202 沖縄県宜野湾市普天間2丁目1－16
📞 098-893-0417　🕗 5時～14時30分　土、日、祝祭日休み
弁当250円、400円、420円、500円など

・メニューや価格は2024年9、10月現在のものです。物価上昇などにより変わることがあります。
・日替わり弁当がメインのお店をはじめ、弁当の商品名を明示していないところが多くあります。

パーラーたまき

MAP P.88 D-3 ㉒

コンパクトなのに種類豊富　ハンバーガーも！

嘉数高台公園近く。お店は小ぶりながらお弁当はもちろん、揚げ物、惣菜、おにぎり、ハンバーガーなど多彩。従業員さんは弁当店では珍しくモノトーンの制服着用でおしゃれです。

〒901-2226 沖縄県宜野湾市嘉数3丁目3－5
🕐 6時～14時　土、日、祝祭日休み
弁当400円、チーズバーガー250円、えびカツバーガー250円など

ゆがふ弁当

MAP P.89 E-1 ㉓

看板はないけど常連さんを幸せにするお店！

国道330号線を一本入った場所。看板はなくても安くてボリューム満点のお弁当を求める人が訪れます。水曜日はカレーも。「ゆがふ」とは「みんな豊かで幸せに」。

〒901-2202 沖縄県宜野湾市普天間1丁目1－24
📞 098-894-0025　🕐 8時～弁当なくなり次第　土、日、祝祭日休み（不定休）
弁当280円、500円など

・訪問した際に許可を得られたお弁当屋さんのみ掲載しています。
・多くのお店が個人経営のため、営業時間と定休日は流動的です。また商品がなくなり次第営業終了となる場合があります。

maon

MAP P.89 E-2 ㉔

フレンチシェフが作る特別な日のお弁当！

閉店したフレンチの名店が娘さんの熱意でお弁当、惣菜店として復活。シェフのお父さんが腕を振るいます。手作りデミグラスソースのトンカツ丼は要予約です。かねひでで宜野湾店の並び。

〒901-2206 沖縄県宜野湾市愛知2丁目1−6
☎ 090-2394-3530　🕙 11時〜17時　月、日曜休み　祝祭日不定休
弁当680円から

ひよこ亭

MAP P.88 C-2 ㉕

王道のうちなー弁当が座敷でも食べられる！

国道58号線、宇地泊交差点近くです。かつて居酒屋さんだった店内でお弁当を販売。座敷で食べることも。ごはんが見えないくらいぎっしりおかずがのった、王道のうちなー弁当と出会えます。

〒901-2225 沖縄県宜野湾市大謝名5丁目20−12
☎ 098-890-0511　🕙 6時30分〜14時　土、日、祝祭日休み
弁当250円、430円、550円など

・メニューや価格は2024年9、10月現在のものです。物価上昇などにより変わることがあります。
・日替わり弁当がメインのお店をはじめ、弁当の商品名を明示していないところが多くあります。

弁当の店 井筒屋

MAP P.88 D-2 ⑰

「72時間」で密着 真夜中の「よりどころ」
国道58号線から330号線を結ぶ県道沿い、「ドキュメント72時間」(NHKテレビ)で紹介されました。そばは自家製麺。イートインコーナーで心身のリセットタイムを！

〒901-2225 沖縄県宜野湾市大謝名4丁目4－1 ハイディ アパート
☎ 098-890-1723 17時〜翌13時 日、月曜休み
弁当180円、330円、450円など

てんぷらや

MAP P.87 F-1 ⑧

お弁当プラスちょい足し一品に目移りしちゃう！
小那覇交差点から一本入った場所にあるお店。ひと手間かけたお弁当だけではなく、ショーケースには数々の天ぷらが。パンやサンドイッチもあって買い足したくなります。

〒903-0103 沖縄県中頭郡西原町小那覇250
☎ 098-945-8956 9時〜20時 日曜休み
弁当350円、450円など。天ぷら90円

- 訪問した際に許可を得られたお弁当屋さんのみ掲載しています。
- 多くのお店が個人経営のため、営業時間と定休日は流動的です。また商品がなくなり次第営業終了となる場合があります。

満福弁当

MAP P.89 F-3 ⑩

広いイートイン　早朝営業で昼前には売り切れも
国道331号線沿い、イートインスペースが広い人気店。カレーは特大（450円）、大（350円）、小（200円）から選べます。店先には偽りなしの「激安」の文字。

〒901-2412 沖縄県中頭郡中城村奥間２５２
☎ 098-895-5307　🕐 4時〜13時　日曜休み
弁当150円、300円、450円など

ランチショップ みきちゃん！

MAP P.89 E-0 ⑫

日替わりの汁物が人気！　小さめのカウンターも
国道58号線、謝苅交差点近く。曜日ごとの味噌汁、ソーキ汁、中身汁などの汁物メニューが人気。しっかり野菜が摂れるお弁当もあって体に嬉しい！

〒904-0105 沖縄県中頭郡北谷町吉原１１７６－５
☎ 098-936-1813　🕐 6時〜14時　土、日、祝祭日休み
弁当500円など

・メニューや価格は2024年9、10月現在のものです。物価上昇などにより変わることがあります。
・日替わり弁当がメインのお店をはじめ、弁当の商品名を明示していないところが多くあります。

パーラー雅

MAP P.90 A-1 ⑯

役場前の彩り鮮やかなお値打ち弁当！
嘉手納町役場前の小さなお店。ごはんの上におかずがのった定番うちなー弁当が並びます。400円でもボリューム感のあるお弁当が人気です。

〒904-0203 沖縄県中頭郡嘉手納町嘉手納５５４－１
📞 080-6482-3840　🕐 7時〜13時　土、日、祝祭日休み
弁当400円、500円など

なみ食

MAP P.92 B-3 ⑱

ちょい足しメニューも充実　年中無休でやってます
道の駅「喜名番所」近く。学生に人気のチキンカツ、揚げ物と煮物や麻婆なすとの組み合わせが絶妙です。揚げ物、揚げパン、サンドイッチなどのサイドメニューも魅力。

〒904-0302 沖縄県中頭郡読谷村喜名２０３－１
📞 098-958-3907　🕐 6時〜14時　年中無休
弁当350円、450円など

・訪問した際に許可を得られたお弁当屋さんのみ掲載しています。
・多くのお店が個人経営のため、営業時間と定休日は流動的です。また商品がなくなり次第営業終了となる場合があります。

あけぼの弁当

MAP P.92 B-3 ⑲

お弁当、丼もの、カレーみんなお値打ち

道の駅「喜名番所」そば、お弁当激戦区のお店。周辺には買い求める車が並びます。ボリューム満点のお弁当がお値打ちです。450円のカツカレーもファン多数。

〒904-0302 沖縄県中頭郡読谷村喜名２０２
☎ 098-958-3188　🕐 8時30分〜13時　水、土、日、祝祭日休み
弁当350円、400円など

やら屋

MAP P.90 A-1 ⑳

メインも副菜も多彩　おにぎりの種類も豊富！

国道58号線大湾交差点を西へ。メインのおかずは同じでも副菜にちょっとずつ変化があって選ぶのに悩んじゃう。広めのイートインで食べられます。

〒904-0313 沖縄県中頭郡読谷村大湾５２３－５２３
🕐 5時20分〜13時30分　日曜休み
弁当390円、450円、470円など

・メニューや価格は2024年9、10月現在のものです。物価上昇などにより変わることがあります。
・日替わり弁当がメインのお店をはじめ、弁当の商品名を明示していないところが多くあります。

かんな食堂

MAP P.90 A-0 ㉒

30年のキャリア　サイドメニューはこだわりの100円!
国道58号線伊良皆交差点を西へ。看板のない白いお店。一つのお弁当で色々な味が楽しめます。スパゲッティなどは100円キープで頑張ってます。

〒904-0303 沖縄県中頭郡読谷村伊良皆339－2
🕗 8時～14時　日曜休み
弁当350円、400円など

吉元弁当

MAP P.90 C-3 ②

24時間営業で衝撃の充実度!
国道330号線から一本入った道沿いのお店。種類の多さに驚き! 揚げ物、惣菜を好みで選んでお弁当をオーダーできます。24時間開いているみんなの味方です。

〒904-0031 沖縄県沖縄市上地2丁目10－12
📞 098-932-2958　🕗 24時間
弁当450円、500円、550円など

・訪問した際に許可を得られたお弁当屋さんのみ掲載しています。
・多くのお店が個人経営のため、営業時間や定休日は流動的です。また商品がなくなり次第営業終了となる場合があります。

はなちゃん弁当

MAP P.91 D-3 ⑪

充実のお弁当にサイドメニューとおにぎりの具も豊富

泡瀬漁港、県総合運動公園近くのお店。お弁当はもちろん揚げ物やおにぎりの具も豊富です！ きれいなイートインもあってあれこれ買い足したくなります。

〒904-2172 沖縄県沖縄市泡瀬3丁目19−29
☎ 098-989-4369　　6時〜13時　日、祝祭日休み
弁当460円、550円など

まさちゃん弁当

MAP P.91 F-3 ❷

定番の沖縄そばは大小2種類で具入り！

与勝半島（勝連半島）の県道沿い。お弁当だけではなく100円のチキン、大小2種類の沖縄そばも人気です。小さなイートインもあって笑顔があふれちゃいます。

〒904-2311 沖縄県うるま市勝連南風原4101−3
☎ 098-978-1671　　5時〜弁当なくなり次第　土、日曜休み
弁当400円、500円、沖縄そば小100円、大200円など

・メニューや価格は2024年9、10月現在のものです。物価上昇などにより変わることがあります。
・日替わり弁当がメインのお店をはじめ、弁当の商品名を明示していないところが多くあります。

お弁当ハウス てんてん

MAP P.91 F-2 ❸

そばにフーチバーの追加も。カレーも人気！
サンエー与勝シティの近く。味が濃すぎないと評判のお弁当に、沖縄そばにはフーチバー（よもぎ）のトッピングも。カレーも人気でイートインスペースもあります。

〒904-2223 沖縄県うるま市具志川１３４０－５
🕐 6時〜14時　土、日、祝祭日休み
弁当500円、沖縄そばは弁当とセットの場合100円、単品は150円

おかずの店兼久

MAP P.93 E-2 ❹

和洋中琉に目移りが止まらないバイキング弁当！
石川公園の近く。お弁当容器は大きさによって金額が異なる4種類。好みのおかずを選んで入れてもらいます。とんかつ、酢豚から沖縄家庭料理まで魅力的！

〒904-1105 沖縄県うるま市石川白浜２丁目３－３
📞 098-965-0708　🕐 5時〜15時　月曜休み
弁当300円、400円、450円、600円

・訪問した際に許可を得られたお弁当屋さんのみ掲載しています。
・多くのお店が個人経営のため、営業時間と定休日は流動的です。また商品がなくなり次第営業終了となる場合があります。

かりゆし弁当

MAP P.93 E-2 ⑤

早朝からオープンのお値打ち弁当！
サンエー石川シティの近く。朝5時オープンで出勤、登校前に訪れる常連さんの味方です。人気は照り焼きチキン、しょうが焼き。どれもお値打ち価格です。

〒904-1106 沖縄県うるま市石川４５９
☎ 098-965-1538　🕐 5時〜13時　土、日、祝祭日休み
弁当250円、350円、450円など

あきちゃん弁当

MAP P.93 E-2 ⑦

チキン南蛮が人気の高校近くで愛されるお店
石川高校の並びにあるお弁当屋さん。チキン南蛮とトンテキが人気で、丼ものも充実しています。にこやかなお母さんと息子さんが切り盛りしているお店です。

〒904-1115 沖縄県うるま市石川伊波８７７－４
☎ 098-965-5672　🕐 9時〜14時　土、日、祝祭日休み
弁当500円

・メニューや価格は2024年9、10月現在のものです。物価上昇などにより変わることがあります。
・日替わり弁当がメインのお店をはじめ、弁当の商品名を明示していないところが多くあります。

弁当たいむ

MAP P.93 E-2 ❻

ゆし豆腐そばも嬉しい！ お弁当はお値打ち

石川公園近くのお店。定番の沖縄そばだけではなく、ゆし豆腐（固める前のおぼろ状の豆腐）もあります。パック入りの250円のタコライスはお値打ちです。

〒904-1106 沖縄県うるま市石川４２９
📞 080-4282-9374　🕘 9時〜弁当なくなり次第　土、日曜休み
弁当400円

ひまわり弁当

MAP P.91 E-1 ❾

早朝から営業！ レタスいっぱいのサンドイッチも人気

種類豊富なお弁当、タコライスもサイズ別にあります。おにぎりやしゃきしゃきレタスのサンドイッチも人気です。イートインにはテレビもあって気分転換できます。

〒904-2225 沖縄県うるま市喜屋武１４１－１
🕘 4時〜14時　日曜、祝祭日休み
弁当360円、420円、タコライス小300円など、サンドイッチ300円

・訪問した際に許可を得られたお弁当屋さんのみ掲載しています。
・多くのお店が個人経営のため、営業時間と定休日は流動的です。また商品がなくなり次第営業終了となる場合があります。

炒炒弁当 西原店

MAP P.91 E-1 ⑫

冷凍食品は使わない、早朝からオープンのお店
北谷に本店があるうるま市のお店。中華風のうちなー弁当から温玉入りの焼肉丼、中身汁（豚モツ汁）など種類豊富。冷凍食品は使っていません。

〒904-2204 沖縄県うるま市西原３１４－４
📞 098-974-6177 🕐 5時〜14時 日曜休み
弁当520円など

STAR-kitchen

MAP P.91 D-2 ⑬

カレーも人気のお弁当屋さん。かき氷も！
ブルーの店舗テントが目を引くお店。お弁当はもちろん人気のカレーはお昼過ぎになくなることも。かき氷も扱っていて幅広い世代のお客さんが訪れます。

〒904-2244 沖縄県うるま市江洲３８－１
🕐 6時30分〜弁当売り切れ次第 日曜、祝祭日休み
弁当400円、500円、カレー550円など

・メニューや価格は2024年9、10月現在のものです。物価上昇などにより変わることがあります。
・日替わり弁当がメインのお店をはじめ、弁当の商品名を明示していないところが多くあります。

67

MINEキッチン

MAP P.91 E-2 ⑭

9時以降はお弁当に嬉しいスープつき！

津梁橋のたもと、かわいいイラストの看板が目印。紅型（びんがた）のテーブルクロスの上に丁寧な盛りつけのお弁当が並びます。9時以降お弁当にスープがつきます。

〒904-2231 沖縄県うるま市塩屋５１０－１
☎ 090-3079-4517　🕐 5時～13時　日、祝祭日休み
弁当550円

ライス88

MAP P.93 E-2 ⑰

高校でも販売、うちなー弁当らしいボリューム感

石川高校のすぐ近くのお店。お昼時になると高校の中でも販売します。ごはんの上におかずぎっしり、ボリューム満点、がっつり系のお弁当がずらりと並びます。

〒904-1115 沖縄県うるま市石川伊波８６７
🕐 6時30分～13時　土、日曜休み
弁当350円、500円、550円

- 訪問した際に許可を得られたお弁当屋さんのみ掲載しています。
- 多くのお店が個人経営のため、営業時間と定休日は流動的です。また商品がなくなり次第営業終了となる場合があります。

エン万弁当

MAP P.93 D-1 ①

リゾートビーチ近く　ホテルの朝食の代わりにいかが？

恩納村のタイガービーチ、ムーンビーチの近く、リゾートホテルが建ち並ぶエリア。リゾート価格じゃないお値打ちなお弁当、150円の沖縄そばで地元っ子気分を味わおう！

〒904-0413 沖縄県国頭郡恩納村冨着５７６－３
📞 098-965-5373　🕘 6時～17時30分　土、日、祝祭日休み
弁当400円、500円など

鶏八亭

MAP P.94 B-4 ④

早朝から働く人たちの強い味方　金、土は汁物天国！

金武IC近く、異国のマーケットの雰囲気が漂う「いしじゃゆんたく市場」のお店。ボリューム満点のお弁当に中身そばなど種類豊富。店内で食べられます。

〒904-1201 沖縄県国頭郡金武町金武８２３８－２４
📞 098-968-6666　🕘 4時～13時30分　日曜休み
弁当500円など

・メニューや価格は2024年9、10月現在のものです。物価上昇などにより変わることがあります。
・日替わり弁当がメインのお店をはじめ、弁当の商品名を明示していないところが多くあります。

AREA 4
北部
HOKUBU

名護市　NAGO city
本部町　MOTOBU town
今帰仁村　NAKIJIN village
東村　HIGASHI village
国頭村　KUNIGAMI village

お弁当のたか屋　さくら食品　十八番　弁当のこころ　味一　宝食堂
フードセンター魚鉄　安和弁当　やんばるキッチン　デリカ魚鉄
丼ぶり弁当「丼どん」　eve 弁当　味芳　にこちゃん弁当　弁当屋でいご
たから家　お弁当のソーラス　Kitchen Kaina　明日香

豊かな自然とゆるやかに流れる時を感じる

那覇から伸びる沖縄自動車道の北端にある名護市。そこから北側のエリアは南部、中部とは違い、木々と赤みがかった土の色が迎えてくれます。豊かな自然とゆるやかに流れる時を全身で感じられる場所です。

21世紀の森ビーチ（名護市）

北部 AREA 4

美ら海水族館（本部町）
海洋博公園内にある日本一の水族館。世界最大級の「黒潮の海」水槽ではジンベエザメやナンヨウマンタが泳ぎます。多様な沖縄の海洋資源についても学べます。

備瀬のフクギ並木（本部町）
防風林として、家を取り囲むように植えられたフクギの木はアーチ型に連なり、本部半島の先端、備瀬崎の近くまで、およそ1km、心癒される緑のトンネルが続きます。

今帰仁城跡（今帰仁村）
13世紀に標高約100mの丘の上に築かれました。古期石灰岩を積み上げて造られた城壁の高さは3〜8m。長さは1.5kmにも達します。

慶佐次湾のヒルギ林（東村）
ヒルギ科の植物は熱帯から亜熱帯の海水と淡水が混ざりあう河口の干潟に生育します。慶佐次川（げさしがわ）に発達したヒルギ林は、沖縄本島では最大規模です。

ヤンバルクイナ展望台（国頭村）
村の鳥「ヤンバルクイナ」を模した展望台です。大きさは高さ11.5m。首と横の部分からは辺戸岬や美しい海、天気のいい日には鹿児島県の与論島が望めます。

日本ハムキャンプ（名護市）
日本ハムのキャンプ地・タピックスタジアム名護は、那覇空港発の高速バスが停車する名護バスターミナルから徒歩圏内。2月のキャンプ見学にお弁当を持って行ってみよう！

71

お弁当のたか屋

MAP P.94 D-1

単品の揚げ物も充実。働くみんなの味方

地元の有名店。肉、魚、タコライスなど多彩でボリュームのあるお弁当と、単品の揚げ物が種類豊富。沖縄そばも人気で仕事前の食料確保に多くの人が訪れます。

〒905-0021 沖縄県名護市東江5丁目9-3
0980-52-4378　6時～14時　日曜休み
弁当300円、380円、400円、430円など

さくら食品

MAP P.96 C-3

激辛カレーのファンも多い行列の人気店

名護市街地から北上する県道沿いのお店。辛さがクセになるカレーの注文受付は11時から。お弁当は骨付きチキン入りなど充実の品揃えで人気のお店です。

〒905-1152 沖縄県名護市伊差川6
0980-52-4250　7時～13時30分　日曜休み
弁当430円、550円など

- 訪問した際に許可を得られたお弁当屋さんのみ掲載しています。
- 多くのお店が個人経営のため、営業時間と定休日は流動的です。また商品がなくなり次第営業終了となる場合があります。

十八番

MAP P.94 D-1 ⑨

種類豊富でまとめ買いのお客さんも
名護市街地、中央通りに面したお店。目移りしてしまう種類、三枚肉がのったものや定番もの、丼系まで好みに合わせて選べます。もちろん沖縄そばも。

〒905-0013 沖縄県名護市城1丁目3－5
☎ 0980-52-2030　🕐 5時～13時　日曜休み
弁当250円、450円、500円、550円など

弁当のこころ

MAP P.94 C-1 ⑩

アイデアメニューがその場で食べられる
国道449号バイパスから一本入ったところにあるお店。「豚のみるふぃーゆ」や「秋刀魚の梅じそ巻」など他にはないメニューが魅力。ちょっとしたイートインもあります。

〒905-0009 沖縄県名護市宇茂佐の森4丁目2－23
☎ 0980-52-3353　🕐 9時～14時　日、祝祭日休み
弁当550円、600円など

・メニューや価格は2024年9、10月現在のものです。物価上昇などにより変わることがあります。
・日替わり弁当がメインのお店をはじめ、弁当の商品名を明示していないところが多くあります。

味一

MAP P.94 D-1 ⑫

がっつりおかずとゆでたまご！
名護大西通沿いのお店。大小、多彩なお弁当はゆでたまご入り。ゆでたまごの単品売りもあります。食べやすいサイズのポークたまごサンドおにぎりも人気です。

〒905-0018 沖縄県名護市大西1丁目2−1
📞 0980-53-1576　🕐 6時15分〜19時　日曜休み
弁当480円、500円など

宝食堂

MAP P.96 C-4 ⑮

名護高生徒のための驚きの安さ
名護高校の隣のお店。ボリュームのあるお弁当は350円が中心。高校生に人気のカレーチャーハンは揚げ物もついて300円。高校生の味方です。

〒905-0018 沖縄県名護市大西5丁目18−13
📞 0980-52-4637　🕐 6時〜13時　土、日、祝祭日休み
弁当300円、350円、400円など

・訪問した際に許可を得られたお弁当屋さんのみ掲載しています。
・多くのお店が個人経営のため、営業時間と定休日は流動的です。また商品がなくなり次第営業終了となる場合があります。

フードセンター魚鉄

MAP P.94 D-1 ⑰

重箱、折詰が専門。煮つけや太巻きも
名護市営市場の中のお店。重箱や法事用の折詰が専門で根菜類の煮つけや巻き昆布、太巻き、いなり寿司なども揃います。こってり系じゃないお弁当ならここ。

〒905-0013 沖縄県名護市城1丁目4-11
☎ 0980-52-2108　🕗 8時～17時　土曜8時～15時　木曜休み
弁当400円、550円など

安和弁当
（あわべんとう）

MAP P.94 C-0 ⑱

ありそうでなかった、チャンプルー1点推しのお弁当
大盛りごはんにたっぷりのフーチャンプルーという、見ただけで味が想像できる食欲をそそられるお弁当があります。働く人の「野菜が摂りたい」の声に応えました。

〒905-0008 沖縄県名護市山入端148
☎ 0980-53-8059　🕗 8時30分～12時　第2、4土曜、日曜休み
弁当600円、800円

・メニューや価格は2024年9、10月現在のものです。物価上昇などにより変わることがあります。
・日替わり弁当がメインのお店をはじめ、弁当の商品名を明示していないところが多くあります。

やんばるキッチン

MAP P.96 D-3 ⑲

明るいお店に丁寧な盛り付けのお弁当
明るい雰囲気のお店に常連さんが通います。おかずが丁寧に盛り付けられたお弁当、スパゲッティやおにぎり、サンドイッチのサイドメニューも充実です。

〒905-1147 沖縄県名護市田井等３４５
☎ 080-1254-4196　🕒 6時～売り切れ次第　土、日、祝祭日休み
弁当550円など

デリカ魚鉄

MAP P.94 D-1 ㉒

オードブルが得意なお店の洋食系弁当
21世紀の森公園の近く。様々なおかずがのったうちなー弁当ではなく、ハンバーグなどのメインにポテトフライやソーセージが添えられた洋食系が特徴。

〒905-0011 沖縄県名護市宮里1丁目２２－14
☎ 0980-53-6431　🕒 8時～12時　土曜休み
弁当550円など

・訪問した際に許可を得られたお弁当屋さんのみ掲載しています。
・多くのお店が個人経営のため、営業時間と定休日は流動的です。また商品がなくなり次第営業終了となる場合があります。

丼ぶり弁当「丼どん」

MAP P.96 C-4 ㉓

おしゃれで具だくさん。でもお値打ち！

名護高校の並び。具だくさんでおしゃれな盛り付けだけど、お値段は高校生向け。一人で切り盛りしているのにおかずの品数やバリエーションが豊富で驚きです。

〒905-0019 沖縄県名護市大北1丁目10-35
☎ 080-6485-0879　🕗 8時〜14時　土、日、祝祭日休み
弁当350円、450円など

※P.18にインタビュー掲載

eve 弁当

MAP P.96 C-4 ㉔

元喫茶店の扉を開けるとお値打ち品が！

以前は喫茶店だったお店の扉を開くと丁寧に盛り付けられたお弁当と丼ものの数々。もちろん沖縄そばもあって地元のリピーターたちに愛されています。

〒905-0019 沖縄県名護市大北3丁目13-24
☎ 0980-52-5794　🕗 6時〜14時　土、日、祝祭日休み
弁当400円、500円など

・メニューや価格は2024年9、10月現在のものです。物価上昇などにより変わることがあります。
・日替わり弁当がメインのお店をはじめ、弁当の商品名を明示していないところが多くあります。

味芳

MAP P.96 D-3 ㉕

煮つけたっぷりやさしい味付けのお弁当

仲尾次漁港近く、周囲に鮮魚店が並ぶ地域のお弁当屋さん。がっつり揚げ物系ではなく、煮つけ野菜がたっぷりのお弁当が並びます。具入りの沖縄そばも。

〒905-1144 沖縄県名護市仲尾次345
📞 0980-58-1004 🕘 9時〜13時 日曜休み
弁当350円、450円など

にこちゃん弁当

MAP P.96 A-2 ❹

ボリュームあるのにごちゃっとしてないお弁当

瀬底島に渡る瀬底大橋の近く。地元で働く人に人気です。さんまのかば焼き、鶏の唐揚げなどサイズが大きめなのに、お弁当にきれいに収まっています。

〒905-0212 沖縄県国頭郡本部町大浜858-10
📞 0980-47-2818 🕘 6時〜12時30分 日、祝祭日休み
弁当500円、600円など

- 訪問した際に許可を得られたお弁当屋さんのみ掲載しています。
- 多くのお店が個人経営のため、営業時間と定休日は流動的です。また商品がなくなり次第営業終了となる場合があります。

弁当屋 でいご

MAP P.96 A-2 ⑤

エビフライがこんなに!? 量だけではなく彩りにも満足

国道449号線沿いのお店。ごはんが隠れる程に並べられたエビフライや野菜など充実のおかず。「ボロボロジューシー」(沖縄風炊き込みごはんの雑炊)も人気です。

〒905-0212 沖縄県国頭郡本部町大浜８８２－３
☎ 0980-47-2810　🕒 6時〜14時　日曜休み
弁当400円、500円など

たから家

MAP P.96 C-2 ⑩

郷土料理風お弁当とかき氷、ぜんざいも

ナーベラー(へちま)やゴーヤーの炒め物やにんじんしりしりなど、沖縄料理がふんだんに盛り付けられたお弁当が特徴。かき氷やぜんざいの販売もあります。

〒905-0411 沖縄県国頭郡今帰仁村天底８７－２
☎ 0980-56-3927　🕒 9時30分〜14時　日曜休み
弁当500円

・メニューや価格は2024年9、10月現在のものです。物価上昇などにより変わることがあります。
・日替わり弁当がメインのお店をはじめ、弁当の商品名を明示していないところが多くあります。

79

お弁当のソーラス

MAP P.96 B-1 ⓮

充実のお弁当がお値打ち過ぎて売り切れちゃう

国道505号線沿いのお店。ごはんの上にメインのおかず＋炒め物のパターンと、複数のおかずが楽しめるお弁当が選べます。お値打ちで昼頃には売り切れも。

〒905-0422 沖縄県国頭郡今帰仁村崎山１３３０－１
📞 0980-43-7865　🕘 9時〜22時　土、日、祝祭日休み
弁当400円など

Kitchen Kaina（キッチン カイナ）

MAP P.97 E-4 ⓲

平良湾の入り江、川のほとりでリラックスタイム！

慶佐次川（げさしがわ）のほとり、地元出身の姉妹が始めたテイクアウト専門店。自然の中でボリュームいっぱいのタコライスでゆるやかな時間を！

〒905-1205 沖縄県国頭郡東村慶佐次７１２－１
📞 090-5945-3416　🕘 10時30分〜14時　不定休
タコライス750円など

・訪問した際に許可を得られたお弁当屋さんのみ掲載しています。
・多くのお店が個人経営のため、営業時間や定休日は流動的です。また商品がなくなり次第営業終了となる場合があります。

明日香

MAP P.98 A-4 ⑲

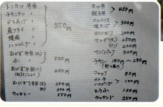

素朴なお店でお姉さんたちがお出迎え

国頭村役場の近く。昼頃にはお弁当が売り切れてしまう地元で愛されているお店です。豊富なサイズ、メニューから選んだお弁当を、海を眺めながら召し上がれ！

〒905-1411 沖縄県国頭郡国頭村辺土名14
📞 0980-41-2223　🕐 6時〜14時　土、日、祝祭日休み
弁当350円、450円、500円、550円など

・メニューや価格は2024年9、10月現在のものです。物価上昇などにより変わることがあります。
・日替わり弁当がメインのお店をはじめ、弁当の商品名を明示していないところが多くあります。

MAP 1 南部
糸満市 八重瀬町 南城市 豊見城市

MAP 2-1 那覇市

那覇市周辺
豊見城市 糸満市 南風原町 八重瀬町
南城市 与那原町 西原町 浦添市

MAP 3 浦添市 西原町 宜野湾市 中城村 北谷町 北中城村

MAP 4 宜野湾市 北谷町 北中城村 沖縄市 嘉手納町 読谷村 うるま市

MAP 5　沖縄市 嘉手納町 読谷村
うるま市 恩納村 金武町

MAP 6

恩納村 うるま市 金武町
宜野座村 名護市 東村

北部
名護市 本部町 今帰仁村 大宜味村 東村 国頭村

MAP 8 北部
国頭村 大宜味村 東村

MAP 9 離島

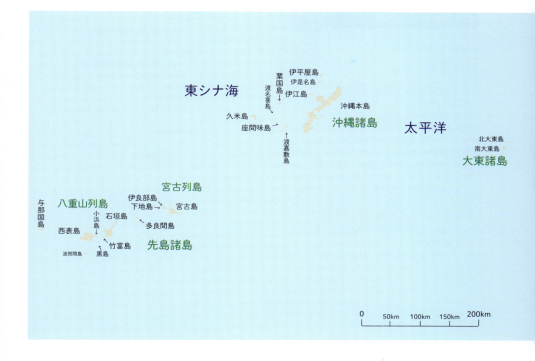

プロフィールと
お問い合わせ

編著者
室井昌也
むろい まさや

日本で唯一の韓国プロ野球が専門のジャーナリスト。「韓国プロ野球の伝え手」として取材、執筆をはじめ様々な活動を日韓のメディアを中心に行っている。沖縄とはプロ野球キャンプ取材をきっかけに縁が深まり、現在ではたびたび東京から沖縄に通い、生放送のラジオ番組『室井昌也 ボクとあなたの好奇心』（FM那覇）に出演。2022年に刊行した書籍『沖縄の路線バス　おでかけガイドブック』は23年4月に沖縄の書店員が選ぶ「第9回沖縄書店大賞　沖縄部門大賞」を受賞。また『沖縄のスーパー　お買い物ガイドブック』は「第10回沖縄書店大賞　沖縄部門優秀賞」を受賞した。1972年東京生まれ、日本大学芸術学部演劇学科中退。ストライク・ゾーン代表。

■編著・取材・撮影
　室井昌也

■表紙イラスト
　ぎすじみち

■地図情報提供
　谷田貝 哲（バスマップ沖縄）

■デザイン
　田中宏幸（田中図案室）

■取材協力
　一般社団法人浦添市観光協会
　南城市役所

■写真提供
　沖縄観光コンベンションビューロー

■撮影協力
　イラミナセイキ
　津覇実貴雄
　仲本雄哉

沖縄のお弁当屋さん
応援ガイドブック

2024年12月25日　初版第一刷発行
2025年 2月 1日　初版第二刷発行

編　著：室井昌也
発行所：論創社
　　　　東京都千代田区神田神保町2-23 北井ビル
　　　　TEL 03-3264-5254
　　　　https://www.ronso.co.jp/

印刷・製本：丸井工文社

©沖縄のお弁当屋さん　応援ガイドブック
Printed in Japan　ISBN 978-4-8460-2435-2

落丁・乱丁本はお取り替え致します。

本書の一部あるいは全部を無断で複写（コピー）・複製・転載することは、法律で認められた場合を除き、著作者および出版者の権利の侵害となります。あらかじめ承諾を求めてください。